SHBOOKS

读,就是不断地成为

国际语言文化丛书

孔令刚 主编

和语言漫步的
日记

多和田 叶子 —— 著

金晓宇 —— 译

图书在版编目（CIP）数据

和语言漫步的日记/（日）多和田叶子著；金晓宇译. —— 郑州：河南大学出版社，2017.12（2025.5 重印）
ISBN 978-7-5649-3152-0

Ⅰ.①和… Ⅱ.①多… ②金… Ⅲ.①随笔—作品集—日本—现代 Ⅳ.① I313.65

中国版本图书馆 CIP 数据核字（2017）第 325674 号

KOTOBA TO ARUKU NIKKI
by Yoko Tawada
© 2013 by Yoko Tawada
First published 2013 by Iwanami Shoten,Publishers,Tokyo.
The simplified Chinese edition published 2025 by Henan University Press Co.,Ltd.
by arrangement with the proprietor c/o Iwanami Shoten,Publishers,Tokyo.
All rights reserved

豫著许可备字 -2024-A-0121

和语言漫步的日记
HE YUYAN MANBU DE RIJI

作 者	［日］多和田叶子
译 者	金晓宇
责任编辑	时 海
责任校对	李 云
封面设计	金 泉

出 版	河南大学出版社
	地址：郑州市郑东新区商务外环中华大厦 2401 号　邮编：450046
	电话：0371-86059701（营销部）　网址：hupress.henu.edu.cn
制 作	北京大观世纪文化传播有限公司
印 刷	河南印之星印务有限公司
版 次	2018 年 7 月第 1 版	**印 次**	2025 年 5 月第 2 次印刷
开 本	889mm×1194mm　1/32	**印 张**	8.25
字 数	130 千字	**定 价**	48.00 元

版权所有，侵权必究
（本书如有印装质量问题，请与河南大学出版社营销部联系调换）

目录

1   一月上

35   一月下

76   二月上

107   二月下

136   三月上

180   三月下

218   四月上

244   后记

247   文献

一月上

一月一日

从一年的最后一天跨越到新年期间所做的事情会左右整个来年,不知从什么时候起,我开始如此深信不疑。有些年,临近深夜12点时,我会溜出除夕派对,在走廊的角落里写些诗歌什么的。半夜12点,我一边听着数百发焰火射上天空,一边勉强写诗,是我自己养成的一种迷信,以为这样做,或许来年诗歌就会丰产。礼花声变得稀稀落落的时候,我再回到派对的现场,回来之后,不管是喝香槟酒也好,还是毫无意义的闲聊也好,我都觉得和这一年的命数没有关系了。很长时间以来,我都是这么过年的。

不过,今天晚上,我无法从派对现场溜出来。

我接受朋友的邀约来到了瑞士的山中，这本是件好事，然而我又觉得自己被牢牢编入了一个共同体，一个人离席什么的，不太够意思。首先，在一台黑色的铁制器具——类似卡夫卡小说《在流放地》[1]里出现的那种机器的微缩模型——上固定一块奶酪，这奶酪有日本江户时代的枕头般大，从下面用火来烘烤，融化的部分拿餐刀扛起，滴在土豆上吃。然后，踩着雪橇滑下山去，据说这是当地的习俗。同行的几位当地人年纪在50岁前后，在瑞士的山中出生，目前在大城市居住，据说大约从15岁起，每年不落，都是这样庆祝新年。他们对我以及我的德国朋友们用标准德语说话，但他们自己彼此之间用瑞士德语[2]说话，所以，越发强烈地感觉到他们之间的纽带。瑞士德语我只能听懂一半。所谓的"一半"，从语言学上来看是相当含糊的说法。

---

[1]《在流放地》是弗兰兹·卡夫卡（Franz Kafka，1883年7月3日—1924年6月3日）一篇格调较为恐怖的讲述酷刑的小说。写了一个旅行者和一个军官，就一个传统的处决犯人的"机器"展开讨论。——全书所有脚注皆为译者注

[2] 一般语言学家认为瑞士德语是德语的一个方言，它与施瓦本方言比较接近。但瑞士德语的发音与标准德语的发音相差悬殊，以至于一般德国人听不懂。

有时候，你只懂一点点外语，但从周围的状况判断却完全能理解，有时候，你知道全部单词，但话的意思却莫名其妙。外语能理解到什么程度，想要测定它，也许最终是难以办到的。这就和诗能理解到什么程度是无法测定的一样。

我担心的不是瑞士德语，而是雪橇。我在东京出生成长，从22岁起在德国北部生活，那里虽然也下雪，但没有山，所以我几乎没滑过雪橇。虽然我也曾从小山丘滑降，但踩上雪橇，顺着山路滑降好几公里，这样的事情还没有过。虽说是满月之夜，光线明亮，但是，沿着白雪覆盖、弯弯曲曲的山道，踩着雪橇一直往下滑，光是想想自己这样的身姿，就感觉不安起来。身体里什么地方有着回避斜坡的心情。不，如果是上升的斜坡，那没关系，我是讨厌下降。但是，好不容易的机会，可不想错过。在我踌躇的片刻间，突然发觉一件事情。

是的，我是从日语的感觉出发，讨厌"すべる（滑动）"的。对于从日本的应试战争中熬过来的人，没有比"すべる"更讨厌的事情了。[1] 事后

---

[1] 日语里，すべる除了滑动之意，还有不及格或没考上的意思。

一查《岩波古语辞典》,"すべる"除了"滑溜溜不停地运动"的意思外,据说还有"离开官职"的意思。我并非有什么"官职",可是,滑动着迎接新年,太不吉利了。2011年的元旦,我是在日本新潟县迎来的,然而,在临济宗的龙泽寺这样非凡的寺院,人家好不容易允许我敲一记除夕的钟声,敲完后,我却在雪地里滑了一跤。也许会被人笑话迷信太重,可是当时我的心情确实一片阴沉。实际上,2011年对日本来说是非常悲伤的一年。

将头脑切换成德语再来思考,滑动也许就是吉利的了。在德国,临近一年的最后一天,人们会互相寒暄说,"Guten Rutsch!",直译过来就是"滑好!",意思就是祝你顺利地滑入下一年。我每次听到这样的打招呼声都会想到,因为在年和年之间有什么障碍物,所以也有人不能顺利地滑入,永远地留在边界线上了吧。我虽然喜欢留在边界线上这种意象,但是,留在时间的接缝上则意味着死亡。

"Rutsch"本来还有"旅行"的意思,时值辞旧迎新之际,听到别人对你说,"祝你旅行愉快!",眼前一下子展开了全新的风景,情绪也会高涨起来。日语的"すべる"是以打滑跌倒为前提,然而，打滑未必跌倒。这事你只要问问花样滑冰运动员就知道了。

我无论做什么都以语言为指南针，决定前进的方向。语言里保存着的智慧，比我个人大脑里的要多。而且，语言不是一种。虽然有时候，两种语言各有主张，会发生口角，但是，我认为，比起一种语言嘟嘟哝哝自言自语，让两种语言在自己的头脑里对话，能产生广度更大、密度更高的答案来，难道不是吗？

一月二日

今天我们决定驾车从格拉斯帕斯（Glaspass）去瓦尔斯（Vals）。从地图上看，瑞士比德国小得多，所以说起在瑞士国内的旅行，似乎距离很短，然而，瑞士境内有无数深谷高山。如果能用巨大的熨斗将瑞士熨成平地，它一定能变成个相当大的国家。

听说，"車酔い（晕车）"这种毛病，小时候症状最严重，长大成人后就不会再犯，到了中年又会复发。我的情况正是如此。年纪再大些好像又不再晕车了。但是，这种糟糕的心情，用"酔う（醉）"这个动词来表达不太合适。我想用"酔う"

来称呼心情更好一些的状态。在德语里，晕车叫"Reisekrankheit"，也就是"旅行病"。这个单词和表示醉酒状态的"Betrunkenheit"之间没有任何关系。表示酩酊大醉的"Rausch"，不仅仅用以描述迷醉于酒和毒品，在陶醉于音乐或戏剧的场合也可使用。忘我的陶醉对于艺术是不可或缺的，但是因为想起了"車酔い"，所以对日语里的"酔う"这一单词，我不能完全陶醉其中。

德语的 Rausch，在"Rau"这一粗野的响声里刮入"sch"这样的微风，也吹入了生命。"陶醉"这两个汉字是立体的，也散发着芳香，可它的日语发音"トースイ（tousui）"呢？听起来更像"トーシ（toushi，投资）"或"トーサン（tousan，破产）"，所以，只限于听声音的话有些扫兴。我一思考这样的事情，晕车也好了点。

一月三日

昨天乘车经过的，是瑞士国内自古以来讲罗曼什语的地区。途中经过一个名为"Uors"的小镇，这名称来源于罗曼什语的"熊"。像"熊野"这样，村庄名字与"熊"有关的例子，在日本也很多。我一看见"Uors"这个字,立即想起了在德国很普遍的一个女子名,"Ursula(乌苏拉)"。这个名字来源于拉丁语的"Ursus(熊)"。罗曼什语和罗马尼亚语、意大利语、法语等等一样,有着共同的祖先——拉丁语。也就是说,Uors、Ursus 以及 Ursula 在词源上是相互关联的。

《雪的练习生》这部小说里,讲述了一位名叫乌苏拉的驯兽师,在马戏团与一头北极熊一起训练技艺的故事。那是我用日语写的小说,我今年的目标是自己把它弄成德语。可能因为这个原因,我无论看见什么,都首先拉到这部小说上来思考。到目前为止,我是日语和德语并行,写着内容各不相同的小说,有时候也会把用德语写的作品弄成日语,但是,把用日语写的作品"翻译"成德语,还一次没有过。那到底是不是"翻译",我甚至连这个都不清楚。

女孩儿名字里带"熊"的,在日本不太常见。在日本,名字越来越多样化,如果有一天能遇见名叫熊子的姑娘,我想我会情不自禁地微笑起来。

罗曼什语和德语、法语、意大利语一起并称瑞士四大官方语言。我知道罗曼什语的存在是在 20

岁以后，但仔细一想，我与罗曼什语文学的相逢还要早得多。记得小时候有一本名为《阿尔卑斯山兄妹》的图画书，我反复读了好几遍。那其实是罗曼什语文学。作者塞利娜·汉兹（Selina Chönz）和绘制插画的阿洛伊斯·卡里吉埃（Alois Carigiet）都出生于讲罗曼什语的瑞士村庄，我持有的日语版《阿尔卑斯山兄妹》里面，收录了"乌尔斯里的铃铛"和"弗尔利娜和山鸟"两篇作品。

"乌尔斯里的铃铛"中的铃铛，是阿尔卑斯山区里牛戴在脖子上的铃铛，每一只牛铃的铃声都不同。牛群放养在山坡上，牛倌即使看不见它们的身影，凭借声音，也能判断哪头牛在什么位置。德语的"schellen（意为发出丁零响声）"毫无疑问是拟声动词，它的拟合度与日语的"りんりん（铃铃）"大致相同，非常之高。所谓的拟合度，是我随意估量、相当主观的东西，但是，作家这个行当，如果没有主观的尺度就干不下去。就像没有测量语言的体重、恶意度、明度、耐震度等等的标准一样，也没有测量拟合度的标准。假如是日语，一眼就能分辨出拟声词，但是德语里，很多拟声词隐藏在动词或名词中，平时人们意识不到。

一月四日

早上6点起床,在吃早饭前两小时左右的时间里,我一直写着稿子。早餐之后,大伙儿立即异口同声地说"去外面吧",于是,我决定听从劝诱,离开书桌。好不容易来到瑞士,一味地工作太可惜了。

今天早晨,我一边写稿子,一边思索着一件事情:用德语写小说时,总会不自觉地频繁使用"sagen(说)"这个动词,让我厌烦。那么,若问为什么用日语写小说时,"某某人说"可以出现得不那么多,这是因为很多场合,从说话的方式就能分辨是谁在说话。不过,这种做法也有点问题。

我自己不使用"女言葉"[1],但是大约在十年前,某位编辑曾批评我,"女性人物说的话,女性气息太强了"。过多地使用女性特有的用语,也许是出于对角色辨识度的焦虑。另外,写作小说中的对话部分时,我们参考的不是实际听到的对话,而是读过的小说的台词,这恐怕也是原因之一吧。上个月,我读了中村桃子著的《女性语言和日语》一

---

[1] 日语里女性特有的用语。

书，该书从历史的角度探讨了这一主题，让人受益匪浅。

"出去走走"这种邀请，在日本不太听得到。如果是小学低年级的时候，或许还有"去外面玩吧"这种邀请。德国人也一样，只要一有机会立即想到外面去。在瑞士，被称为"外面"的空间向四面八方无尽地延伸，简直要令人晕厥过去。我们的计划是乘缆车抵达山顶，在没有穿雪靴的情况下徒步3个小时左右，去山顶的餐厅借来雪橇，踩上雪橇滑降7公里的山路回到住处。

在大自然中消磨时光，被复杂的人际关系和工作压力纠缠神经好像也能康复了。在户外度过的时间少，可能也是日本自杀者众多的原因之一。户外何止紫外线，最近连放射线之类的有害物质也在空中肆虐，所以是危险的空间，在日本居住的人们，潜意识里说不定是这么认为的。我童年时的60年代的东京，也曾因光化学烟雾的警报而禁足户外，2011年3月11日以后，核电站事故更是让很多地区的母亲们不得不注意孩子在外玩耍的时长。

从"外（外面）"这个日语单词里我感觉不到快乐。倒不如说，它让人感觉不安。我说的快乐的

"外"接近于"アウトドア[1]",但是这个外来语稍稍沾染了商业性的油垢,让人觉得不购买露营用品或滑雪用品就不许与大自然接触似的,这一点令我不爽。不要片假名,单单"到外面去玩"就行了,难道不是吗,我想。像孩子那样。

除了"外",还有"野(原野)"这样的单词。小说《あとは野となれ》(《此后管它是原野还是什么》)的作者室井光广[2]先生,是个能到外面去的人。他在工作日的白天,大部分成年人都在公司上班时,为搜寻绳文时代[3]的陶器碎片,在家附近的"原野"游荡,结果被警察叫住了。明明是在野外漫步搞调查,属于"field work(田野调查)",然而是因为让诗人"野放し(放任自流)"太危险还是怎么,好像被警察误会为形迹可疑的人了。

在日本,你如果没什么事情却在外面转来转去,或是在公园的长椅上久坐不去,立即会被视作社会的边缘人。只因为在室外就成了社会的边缘

---

[1] 日语用片假名标识外来语,此处为outdoor,户外。

[2] 室井光广(1955年1月7日—),日本的小说家,文艺评论家。

[3] 绳文时代是日本石器时代后期,约1万年以前到公元前1世纪前后的时期。日本由旧石器时代进入新石器时代。

人，这是怎么回事呢？在伦敦，午休时公司职员整整齐齐地穿着西装，在公司前面的公园里吃三明治，这一景象深深地刻入了我的记忆。我想，如果在东京，公司职员们午休时也一齐坐在外面的长椅上吃便当，那么社会的氛围也会大大改变吧。

一月五日

我开始记这本日记的起因，是因为我发觉关于语言我虽然每天都进行着思考，可是一旦想就语言写本书的时候，就什么也写不出来了。"翻译自己作品的问题与可能性""在创作活动中掌握外语的好处""从外部观察的日语""双语和文学""语法这种病"等等，我也曾经尝试定下特定的主题，再准备写稿子，可是，确定了主题之后，我就对那主题没兴趣了。这究竟是怎么回事呢？而且，将一个主题再细分为章节后，我开始觉得所有的章节都是无意义的废话。其中的原因之一恐怕是，对我来说，语言这种东西，只有在它和其他主题联系在一起向我的身体倾诉的时候才有意义。我虽然喜欢读语言学者写的书，可我自己写不出那样的书来。因此，作为生活在柏林，用日语和德语写小说又经常旅行的人，我决心用日记这种镜子，照照自己头脑中的活动。

我现在投宿的地方，用日语来说叫作温泉旅馆。它位于瑞士山中名为瓦尔斯的小镇，与其说是温泉旅馆，还不如说像是展示现代美术作品的美术馆那样，给人紧张感的建筑。这座不可思议的灰色箱型水疗中心，由建筑师彼得·卒姆托[1]设计，为了体验它，人们从世界各地慕名而来。这座建筑的内壁用当地出产的石材制成，光滑而漆黑。内部的照明有意压低，有些地方只在水中设置灯光。摇曳的池水闪烁着宝石一样的光辉。

这里还有能听到现代音乐的浴池。水温各种各样，"火の湯（火之浴池）"最热，也有像冰一样冷的浴池。刚才我不知不觉地写出"冷たい湯（冷的浴池）"这样的日语。[2]日语的"水（水）"单指凉水，对热水不能说"熱い水"。就和不能说"年长的妹妹"一样。我试着给不能拆分的单词加上矛盾的形容词，感觉脑子的一部分放松了。我在温泉中

---

[1] 彼得·卒姆托（Peter Zumthor, 1943年4月26日—），瑞士建筑师，2009普利兹克奖和2013英国皇家建筑师协会金奖得主。

[2] 日语的"湯"，指浴池水、洗澡水、热水、开水。

做着这样的文字游戏,代替了按摩,享受其中的快乐。封闭的门户开放、无视国民的民主主义、病态的健康、失败者的胜利、憋屈的自由、能干的无用之人、年老的年轻人、无益又费钱的节约、奢侈的贫困、花工夫的即兴创作、便宜货的高级品、危险的安全保障。如此收集起来一看,我甚至开始觉得,这不是单纯的游戏,而是透视社会所必不可少的修辞技巧。

一月六日

先后乘坐大巴和电气列车,我和朋友来到苏黎世,又从苏黎世空港飞回柏林。多年来,我不太喜欢"空港"这个词,偏爱用"飛行場(机场)"这个词取而代之。但是大约两年前,某位编辑对我使用这个单词好像甚为惊讶,我这才觉察,难道这是大家不太使用的词吗?我自 1982 年起在德国生活,仅凭这点我的日语就有变成昭和时代[1]语言化石的危险。不过,也许多亏了这样,我才能在谁也

---

[1]　日本昭和天皇在位期间使用的年号,时间为 1926 年 12 月 25 日—1989 年 1 月 7 日。

没察觉的当儿，守护即将消失的词语。词语消失不要紧，可是，谁也没注意到这事的话，未免有些凄凉。"哎，还有人使用这样的词语吗？"我想持续地给人这种惊奇。"飛行場"这个词并没有消失。和空港不同，一说"飛行場"，脑海里就出现一幅画面：机械师在检查飞机，行李车载着堆积如山的皮箱缓缓驶过，地勤人员引导着飞机后退，空气中还有股淡淡的机油味儿。一说"空港"，眼前只剩在锃亮的走廊上行走的旅客，幕后的事情进入不了视野，所以显得单薄。

说到底，我不喜欢的是"空港（Kuko）"这个词空洞的发音。发Ku音的汉字太多。发Ko音的汉字也太多。

然而，去年我听来自中国的日语诗人田原先生说，"空港这个日文词很美。比汉语的'机场'要美"，经他这么一说，我忽然觉得"空港"这词的字面美丽起来。不是发音，而是文字美。很久以前，日本人从中国获得汉字（并不是说中国那一方给我们的，而是我们使用费也不付，就随便拿来使用），不仅仅获得了汉字，还按自己的方式加以组合，创造出大量崭新的复合词，其中不少词，中国人感觉到它的美丽,逆向输回中国,当我知道这些的时候,心里非常高兴。

"空港"这个词也许不是日本人的创意,而是将欧洲语言原样翻译过来后产生的词语。英语的 airport、德语的 Flughafen 等等,直译的话,就成了"空の港(天空的港口)"。从某种外语直译过来,就能创造崭新的词语,这也有点不可思议。

一月七日

重复相同的词语,文章就会松松垮垮,但有些场合,因为动词和宾语来自同一词源,很难避免重复。今天在德语里连续碰到两个这样的例子,大伤脑筋。是表示"洗衣服"的"wäscht die Wäsche"和表示"挖洞"的"gräbt die Grube"。在日语里,"洗濯物を洗う(洗衣服)"中的"洗濯物(要洗的衣服)"和"洗う(洗)",虽然"洗"这个汉字重复了,但因为音读和训读[1]的关系,声音没有重复,所以我不太介意。本来我用日语写作时,就未曾感

---

[1] 训读,日文借用汉字写日语原有的词,并用日语读汉字叫训读。音读,日文中汉字的一种读法,用汉字原来的音读汉字。因汉字词语传入日本的时间和来源不同,有"吴音""汉音"等分别。

觉过类似的烦恼。"飲み物を飲む（喝饮料）"和"食べ物を食べる（吃食物）"也不像前面两个德语例子那么奇怪。还不如说，它们甚至给人相当安定的感觉。还有像"やるべきことはやる（该做的事就做）"或是"好きなものは好き（喜欢的东西就是喜欢）"这样，通过"反复"这种修辞手法说服对方的情况。我不太喜欢这种表现法。

一月八日

我认识一位KW先生，他住在我家附近，职业是为解剖学书籍绘制插图。听说，每当德语版的解剖学书籍图册被译为其他语言时，他总能得到样书，但是因为对他没什么用，所以他都会送人。他说要把日语版和荷兰语版的送给我，于是，我去取书。日语版是一本名为《普罗米修斯：解剖学图册》的书。我虽然不具备解剖学的知识，可是我想，记载了那么多与身体相关的名称的图书，对小说家来说不是很有裨益吗。

我虽然在小说里使用过"乳房（乳房）"或"乳首（奶头）"这样的词，但没使用过"乳頭（乳头）"，而"乳輪（乳晕）"这样美丽的词语，我甚至未曾听说过。手肘内侧的凹陷处是我关心的位置,但是,"肘窝(肘窝)"这样的词我还没使用过。髋骨最向前突出的部分,以及大腿和腹部的分界线,为什么没在我的小说里出现呢?我不认为光是词汇量大,小说就会变得丰富,可是,仅因为想不到"肘窝"这一单词就不谈"肘窝"了,实在有些可悲。

"神经"这一词语虽然频繁使用,可我们其实不常看见真正的神经。我在拔智齿的时候,牙科大夫一边说,"这是神经",一边给我看细线一样的东西。除此之外,我没有看见过神经的记忆。

在德语里,和日语一样,也经常说"あの人、神経にさわる(那个人触动了我的神经,使我不快)"之类的话。那个人并非接触了我解剖学意义上的神经。另外,当我们感觉"神経が擦り減った(神经磨损)"时,其实是无法请医生测量磨损了几毫米的。尽管如此,我们使用"神经"这个词语时,是相当具体地、从身体上感到神经的存在。有时候,我们还一口断定,"あの人、無神経な人なのよ(那个人是无神经、反应迟钝之人)"。从医学上看,是不可能有无神经,也就是没有神经的人的。

更不可思议的是,据说"神经"这一日语是翻译荷兰语的"zenuw"而诞生的单词,在杉田玄白[1]等人翻译的《解体新书》中首次出现。现代人的生活,没有"神经"这种词语,就无法讲述。但是,在没有神经这个词语的时代——例如平安时代[2],人们碰到刺激神经的事物时,又是如何表达的呢?

《枕草子》[3]里也没有汇集了"刺激神经的事情"的章节。硬要说的话,"にくきもの(可憎的事)"或许与之相近。砚台里进了头发却浑然不觉地磨墨的时候,客人久坐不归的时候,被煞有介事、没完没了讲着无聊话的人逮住的时候,如果是现代人,就会感到"刺激神经",难道不是吗?但是,不把这种不高兴拉到自己身体内部"神经"这

---

[1] 杉田玄白,享保18年9月13日(1733年10月20日)——文化14年4月17日(1817年6月1日),江户时代的兰学医。

[2] 平安时代是日本古代的一个历史时期,从794年桓武天皇将首都从奈良移到平安京(现在的京都)开始,到1192年源赖朝建立镰仓幕府一揽大权为止。

[3] 《枕草子》是日本平安时代的女作家清少纳言的随笔散文集。内容主要是对日常生活的观察和随想,取材范围极广。

样的场所,并感觉痛苦,而是大喊"可恶!",把它推开去,从这点上,我们能感受到平安时代的健康心理。

成语里的"神经"是借喻,可是过于把它与实际存在的神经对号入座的话,或许也会真的生病。不是"病由气生",而是"病由言生"。现代人如果停止使用"神经"这样的单词,取而代之的是,连珠炮似地大喝"可恶!可恶!",说不定会好些。

KW先生说,他过去是使用纸、颜料和画笔,绘制解剖学专业书中的解剖图,正是通过这些"工具"的手感,为笔下的人体赋予了触感和体温。现在全面数字化创作后,这种触觉体验却难以捕捉。显示屏上有调色板的图标,打开图标,里面有自己配制的颜色。用画笔的图标点一点颜色,再移动画笔,就可以绘画了。绘图板连画笔的力量也能准确地感知。但是,颜料、纸、画笔,都不再作为物质而存在。结果会产生一种危险,那就是解剖图像地图一样,变成光滑而无趣的表面。

颜料、纸、画笔这类东西不单单是作为工具对艺术做出贡献,而是一边反抗,不甘心听凭艺术家摆布,一边和艺术家共同创造出艺术史,这样来思考的话，结论就是，如果我们不很好地引进电脑作为"物"的顽固性、笨拙性和缺点，那么无论多么便利，电脑也不能完成它作为工具的任务。

KW先生说的另一件事是，没有了补色、洗画笔和削铅笔的必要，所以也没有了停下来歇口气的机会，让人很疲劳。电脑无休止地吸引人的注意力，不断吸干人的精力。他说，现在他接到朋友为了琐事打来的电话，而不得不中断工作时，都感到暗自欣喜。换言之，对工作来说，重要的是存在妨碍你工作的因素。

我决定用铅笔写这本日记，说不定是因为我怀念削铅笔的时间。因为我喜欢芯子柔软的铅笔，所以老是在削铅笔。我有时候用德国产卷笔刀，有时候用从怀旧商店买来的日本产折叠削铅笔刀。

一月九日

听说因为国际交流基金会的理事来德国，柏林的日本大使馆将在大使官邸举行晚餐会，连我也被邀请出席。席间，我与柏林艺术节（Berliner Festspiele）新任艺术总监托马斯·奥伯兰德（Thomas Oberländer）先生初次相见，闲聊之间，他突然问我,"坂口恭平[1]先生的作品,您了解吗?"让我大吃一惊。去年年末,我在东京新宿的纪伊国屋书店[2]偶然看见他的《独立国家的创立方法》,觉得有意思就买下了,昨天晚上我恰好翻开来读。那本书在别的日子读也行,却偏偏是昨天。这样的遭遇并非偶然,一位几年前患艾滋病去世的熟人曾这么告诉我。在我们的头顶上,思想们在任意地交流,他说。

一月十日

位于奥地利格拉茨市的多罗什尔(Droschl)出版社和我联系。说是为纪念诗人博多·海尔[3]70岁生日,想把多方人士写的随笔收集成册,所以问我,是否可以把十年前他获得某项文学奖时我写的一篇颂词也收入其中。虽说是颂词,但其实是像作品评论一样朴素的文章。一直以来,多罗什尔这家奥地利的小出版社出版了很多实验性作品。

---

[1] 坂口恭平(1978年4月13日—),日本建筑师、作家、画家、舞蹈家、歌唱家。
[2] 纪伊国屋书店,简称纪伊国屋,是日本的大型书店。现在日本约有69个分店,在其他国家也有分店。
[3] 博多·海尔(Bodo Hell,1943年3月15日生于萨尔茨堡),奥地利作家。

博多·海尔怎么看也不像70岁的人。夏天,他在山上生活,一边养山羊,一边用羊奶制作奶酪。据他带去山里的人说,他登山时毫不停歇、一个劲儿地往上攀登,年轻人也跟不上他。总之是腿脚强健。德语的"laufen"有跑或走的意思,但与其说是去某个目的地,还不如说重心放在行为本身上。"laufen"是海尔的作品里经常出现的动词,所以我试着以这个单词为线索,解读他的作品。作家往往被认为是粘在书桌前不动的职业,但和语言一起漫步也是可能的。

"laufen"这动词,不仅用于人行走或跑步的时候,在询问事情进展情况时也可使用。"あなたたち二人の仲はうまく行ってるの?(你们两人的关系进展得好吗?)""あのプロジェクトの進行状況はどう?(那个项目进行得怎样?)"。和日语"うまく行く(进展得很好)"中的"行く(进展)"类似。

行く中的"行",把我的注意力转向分行诗的行,然而海尔的作品完全不分行,同时也没有小说般的情节。没办法只好称之为"散文诗",但这一名称散发着某种欺骗的气味。没有故事情节、不分行的短文,简单地称其为"散文诗",对于这样怠惰的体裁区分机制，我虽然感到烦躁，但还是叫它"散文诗"了。海尔十年前出版的《服饰·义务》一书，不仅不分行，句子的末尾甚至没有句号。所谓句子的末尾究竟是什么呢？总之，读他的作品，就好像在询问语言本身。

一月十一日

我和两个朋友去"人民舞台（Volksbühne）"剧院看话剧。话剧名称是《信仰、爱、希望》。如果光听这个名称，我或许不会去，但原作者伊登·冯·霍瓦特[1]是生于一百多年前的人物，不能用现代的标准判断。这位奥匈帝国出身的德语作家，他的作品时常能在德国的舞台上看到。因为导演是克里斯托夫·玛尔塔莱（Christoph Marthaler），所以我想看看这部戏。

演出时间长达三小时四十分，但是一旦进入玛尔塔莱独特的时间流里，时间便失去了长短的刻度。灵魂人物伊丽莎白一角由两位女演员扮演，时

---

[1] 伊登·冯·霍瓦特（Ödön von Horváth，1901年12月9日—1938年6月1日），用德语写作的奥匈帝国剧作家和小说家。

不时地，同一场景要重复两次。假如是音乐的话，没人会因为听到同一旋律的重复而惊异，但是，在戏剧里如果同一台词有重复，那么观众的线性时间感知，好像被切换成螺旋状的时间体验，让人感觉相当不可思议。

伊丽莎白以自己死后可以任意解剖她的尸体为条件，想从解剖学研究所获得金钱，然而，就像将灵魂出卖给魔鬼一样，从那一时刻起，她不断地被研究所榨取利用，无法从榨取的机制中逃脱。从内容上说，这是一部社会批判性的作品。玛尔塔莱把我们日常生活中习以为常的语言加以重复和错位，展开一个作为时间的空间，和一个作为空间的时间。

"人民舞台"剧院位于原东柏林的罗莎·卢森堡广场（Rosa-Luxemburg-Platz）。净是年轻观众，每次去都给我小小的震动。他们一边看戏，一边无忧无虑地放声大笑，或是对演员提出的问题，从观众席上大声地回答。该剧院的特点是给观众以"自己也有发言权"的心情。今天也有布莱希特[1]的幽灵

---

[1] 贝托尔特·布莱希特（Bertolt Brecht，1898年2月10日—1956年8月14日），德国大戏剧家和诗人。

坐在最前排，一边抽雪茄烟，一边观剧。当然，场内是禁止吸烟的，但是似乎幽灵违反规章也没关系。

一月十二日

我用日语写作时，总会不自觉滥用"なぜか"这个词。直到我想把它译成德语时，才第一次察觉这件事。这个词语的意思是"自己也不知怎么地，……"可是，压根儿没有人问我原因，所以我认为，那样说话可谓自我意识过剩，想来实在令人难为情。在德语口语里，也有很多人说话夹杂"irgendwie（不知怎么地）"，可是如果乱用的话，会给人性格轻浮、思考力弱的印象。

"我不知怎么地，与狗相比更喜欢猫。我一看见猫的脸，不知怎么地就会情绪安定。尽管这样，不知怎么地，我养了只狗。"爱用"不知怎么地"这种病，如果严重了，说不定会写出上面那种句子来。不使用矫揉造作的"不知怎么地"，而是从一开始就不去假装搜寻理由，淡然地列举事实，或者好好地开动脑筋，找出理由，二者择一比较好。

有些情况下，为了调整韵律，加入没什么意义的小品词。在德语里，把这种插入间隙的单词

称为"Füllwort"。我将其翻译为"詰め物言葉（填补词）"。填补词少，意味着文辞洗炼。不过，在文艺评论领域使用的填补词的意义，比日语中称为"虚词"的词在语言学上的意义要含糊、宽广得多。"つまり（也就是说）"、"結局（结果表明）"、"ようするに（总而言之）"等等，也属于填补词的范畴。日语口语里，也有很多诸如"えーとですねえ（呃～）"、"まあ言ってみれば（从某种意义上说）"、"というわけで（由于这个原因）"之类的，用于填补空隙的、稻谷壳一样的词语。"なぜか（不知怎么地）"也位列其中。虽说不是完全没有意义，可去掉它整体的意思也基本不变。我在互联网上看日本的记者招待会，发现有的记者招待会上，填补词非常之多。有的政治家发言里全部是填补词，以此来逃避正面回答，这一点我以前就知道，然而，作为追究别人责任的新闻记者这一方，说话也净是填补词，这让我大为吃惊。

据说，如果不加入稻谷壳般的词语，言语就会变得严厉、有棱角，然而，这也意味着鲜明痛快。值得说出来的内容，有可能让世上的很多人受伤或生气。但这是没办法的事情，所以照实说就好了。

我认为话语里满是稻谷壳，未免有些令人遗憾。

一月十三日

今天，我一边进行着把《雪的练习生》翻译成德语的工作，一边想，我写的日语里，"何々すると何々だった（我做了什么什么事，于是怎么怎么样）"这样的句子结构过多。"公園に行ってみると、野良犬がいた。（我去公园里，于是那里有条野狗。）"这一场合中，用"と"联结在一起的两个部分之间有着怎样的关系，作为文学工作者，必须给出令人信服的说明。我说"豆腐を指で押してみると意外に硬かった（用手指一按豆腐，于是意外发现它很硬）"时，在按的时候，我在想"因为是豆腐，所以很软吧"，结果呢，与期待相悖，它竟然很硬，所以前后关系很容易理解。另外，"カーテンの色を白に変えてみると、急に部屋が明るくなった（我把窗帘的颜色换成白色，于是房间一下子明亮了）"的场合下，是做了某件事情，产生了那样的结果，所以二者的关系也很明白。但是，"公園に行ってみると、野良犬がいた（我去公园里，于是那里有条野狗）"的情况下，我去公园时

并未期待那里有野狗,而且,即使我不去公园,野狗也会在那里。从时间上说,假如把野狗在公园的时间当成一条线,那么我到达公园的时间就是一个点。如果用德语说"我去公园的时候,公园里有野狗",听起来有些奇怪,部分原因便如前所述吧。如果说成"我去公园,发现那里有条野狗",那么是主语"我"一连串的动作,这样的德语大家可以接受。然而,如此一来,卷入无数的偶然形成的旋涡,一边玩味着无形的期待或微微的惊奇,一边虽然不知道接下来会发生什么,却多少摆出悠闲自在的架势,这样的感觉就出不来了。说不定野狗知道我要来,所以才在公园里的。另外,即使没到这种程度,我仍强烈感觉各种事情或情绪之间还是有着某种联系。"公園に行ってみると、野良犬がいた。"还是这种说法贴合我的皮肤感觉。

一月十四日

我用德语写作期间,此前未使用过的、虽然知道但不经常听到的单词,在我需要的瞬间,啪的一下跳出来时,我就会像在商业街抽中了彩票一样高兴。今天中的彩票是"Gehege"。这个单词指动物园里畜养某种鸟兽的角落。用沟渠或栅栏隔离开，所以动物逃不掉，但因为没有纵横的网格，所以不能叫"笼子"。因为暂时在写动物园的事情，所以我脑子里与动物园有关的区域激活了，说不定是多亏这样，这个单词才立即蹦出来的。

杜登出版社出版的众多辞典中，有一本名为《图画词典》的。例如翻开木工这一页，上面画有木工在干活儿的图画，工作台上放有大量的木工工具，并且一一标有名称。在我们的头脑中，单词不是按字母顺序收藏起来的，只有这一点是确定无疑的，我们增加外语词汇量时，按以下方法学习，马上就能用上。比如像"今天我要记住20个与邮局有关的单词和表达法"这样。然而，大脑中，没有能分别建造邮局、大学、公司大楼那么大块的土地。"郵便ポスト（邮筒）"、"ポストモダン（后现代主义）"、"課長のポスト（科长的职位）"等等，为数众多的"ポスト"只能保存在同一个地方，以便节约场地。

一月十五日

今天我去汉堡，当天去当天回。乘特快列车从柏林出发单程时间为两小时半。汉堡是我曾经居住过24年的城市，所以即便是现在，我也制造各种借口去那里玩。今天我也有种种借口，但首先要去看牙科大夫。因为是一直就诊的牙科大夫，所以我搬到柏林后仍找他看。

话虽如此，齿医者（牙科大夫）或目医者（眼科大夫）中的"齿"或"目"为什么是训读呢？当然，有"齿科（牙科）"或"眼科（眼科）"这样的说法，然而没有训读，所以产生不了亲近感。内科（内科）、外科（外科）、産妇人科（妇产科）、神经科（神经科）等等无法训读，那么怎样才能产生亲近感呢？当然也有例外。"藪（yabu，草丛）"是训读，但是对藪医者（庸医）产生不了亲近感。

训读和音读的微妙差别，和德语中将日耳曼词源的常用单词组合所形成的名称与来自拉丁语的外来语之间的差别有些类似。例如，把幼童都知道的单词"Frau（女人）"和"Arzt（医生）"组合在一起，成了"Frauenarzt（妇产科医生）"。意思同样是妇产科医生、来自拉丁语的"Gynäkologe"，你也可以使用这样艰涩的单词。是选取艰涩的单词，还是选取有亲近感的单词，在日常生活中和在小说创作过程中有不同的选择标准。

  此外,我强烈地觉得"産婦人科"这个日语词有些异样。"産まない女(不生孩子的女人)"也来看病,所以没必要说"産"。另外,不是"婦人(妇女)"的姑娘也来看病,所以称之为"女性科"比较好,难道不是吗?

  居住在汉堡市的我的老朋友 BM 先生,估计好我治疗结束的时间,来牙科诊所接我,然后我们一起去探望熟人 EW 先生。绳索街上色情录像馆、成人玩具店、酒吧间、妓院林立,可是拐入其中的一个胡同,走不多远,眼前突然出现一处安静至极的地方,只见一座暗红色砖结构建筑,风格匀称,同时又给人温暖的感觉。临终关怀院是患了不治之症的人度过人生最后岁月的设施,和医院不同。在这里,"患者"称为"居住者"。癌症晚期的 EW 先生,曾经在汉堡市中央图书馆任职,从那时起,他就在自己的工作范围之外,热心地策划朗读会等活动。我也曾应邀朗诵过十几次。在图书馆举行的朗读会,可以免费入场,周围全是书架,来的都是爱书的人,氛围相当好。到退休年龄之后,他开始在个人宅邸或是港口的等候室等等奇特的场所举办音乐会或朗读会。

　　EW先生的儿子和朋友们经常来临终关怀院看他，他请他们读文学作品给他听。然而，"他们朗读水平都很差，令人头痛。"EW先生说完笑了。我受他影响也笑了。过了一会儿，EW先生脸上表情没有一点儿变化，却按响了电铃，唤来护工，请他拿止痛药来。来的护工是个20岁左右的金发男人，嘴唇上有两枚饰钉闪闪发亮。EW先生吃了止痛片后，愉快地告诉我，下星期他要开生日派对。他还提到会有年轻的音乐家们来为他演奏。我们这样说了一会儿话，为他做医学推拿的女按摩师来了，于是我们和他约好"下次再来看你"，然后告辞了。

　　一出大楼，空地对面一家美丽的商店跃入眼帘，日本人MW先生长久以来在那里销售茶道、书法的用具以及尺八[1]等物品。我搬到柏林后，久未通信。店铺虽然没有开门营业，但一按门铃，MW先生从里面出来，见了我非常高兴。一直没有联系的我突然出现，他也毫不惊讶。我觉得不可思议，

---

[1] 尺八，竹制，外切口，五孔（前四后一），属边棱振动气鸣吹管乐器，以管长一尺八寸而得名，其音色苍凉辽阔，又能表现空灵、恬静的意境。

试着一问，他说昨天刚给我写了信寄出去。真有这种难以置信的偶然啊。

　　MW 先生拿出脆饼干，包装上写有"昭和之味"，"不过，我是大正[1]年生人，"他边说边露出了朝气蓬勃的笑容。能在绳索街品味昭和的味道是不错，能看见出生于大正年间的人的笑脸更是好。昭和年代结束的那一年，柏林墙倒塌，冷战时代终结。写有"冷战时代之味"的饼干，大概哪儿也没得卖吧。

---

[1] 大正是日本大正天皇在位期间使用的年号，时间为 1912 年 7 月 30 日—1926 年 12 月 24 日。

一月下

一月十六日

我哗啦哗啦翻着文艺杂志的当儿,发现里面有一个场景,出场人物大声斥责,"何もそこまで言わなくてもいいだろう(用不着说得那么过分吧)"。我很怀念这种说法。如果是德语,该怎么说呢?是"你说这句话,就越过界线了"吗?日语的说法里没有出现"界线"。"そこまで言う(说到这里就过分了)"中的"そこまで(说到这里)",究竟是哪里呢?在多样化的现代社会里,对人说话时,"说到某某程度可以,超过就不行",这种常识我们真的共有吗?

如果别人对你说,"そういう言い方はないでしょう（没有这种说法吧）"，那么你好像只要修正说法就行了，感觉很轻松。可如果人家对你说，"それを言ったら身も蓋もないでしょう（直译为，你这么说话，既没器身也没盖子了吧；意译为，你这么说话，太不含蓄了吧）"，你就会想，语言是盛在锅中的酱汤那样的东西，还有器身和盖子吗？

一月十七日

施特拉尔松德（Stralsund）是座港口城市，面朝波罗的海，那里的市民图书馆邀请我去朗读自己的作品。从柏林乘快速列车需3小时，我眺望着莽莽雪原的当儿，转眼就到了。雪原上什么也没有，一片银白，我怎么看也看不厌。

施特拉尔松德的旧市镇上建有三座大教堂，修葺一新的历史民居鳞次栉比，一看便知它曾经作为汉萨同盟[1]城市繁盛一时。让人不禁好奇，在它属于东德一部分的那个时代，这座城市是怎样一番风貌呢？听说，德国统一后，年轻人都去外地工作，

---

[1] 汉萨同盟，莱茵河流域的城市和施瓦本地区的城市通过结盟的方式来防卫地方贵族对商队的掠夺和强盗的抢劫。13世纪逐渐形成，14世纪达到全盛，加盟城市最多达到160个。

这里变得冷清,而现在大街上几乎没有行人。

该图书馆原来是汉萨同盟商人进行交易的建筑,现在用玻璃和金属加以修补和改造。最上面一层天花板的房梁及枝形吊灯保持了原样。

作家朗读自己作品的选段,然后回答听众的问题,这种活动在德国是非常普遍的。最近,比起在书店或图书馆举办的朴素的朗读会来,与音乐会组合在一起的、花哨的文学节日益增多,"イベント(Event,大事、活动)"一词也越来越多地使用,不过,今天这个朗读会,环境布置质朴,来的人们脸上洋溢着勃勃生气,真是一次可喜的聚会。

今天我朗读的文本中,有些地方是关于日语和德语语法的,写得滑稽可笑。朗读之后,有听众问,"听说日语里没有复数形式与单数形式的区别,也没有阴性名词、阳性名词和中性名词的区别,还没有定冠词和不定冠词,这意味着日语没有语法吗?"诚然,说到外语,这一地区的人们,在德国统一之前学的是俄语,统一之后首先学的是英语,然后是西班牙语或法语。无论哪种都是欧洲语言,所以,虽然语法的内容有所不同,但框架是一样的。还有人问,"我知道,从外界来看,德语语法是相当怪异的东西，那么日语里也有让人发笑的地方吗？"

日语里既然称为"文法（语法）"，那么也许有人会认为，它具有"法"一般的形象，是不能笑话它的。如有违犯，严惩不贷，这才叫法。讪法者必为法哭。语法不是法。你把"見られる（能看见）"说成"見れる（能看见）"，也不会被逮捕。语法不是法律，如果非要说的话，那么它是法则，可它和牛顿的万有引力法则那种又有根本的不同。

例如，动词的变化有法则可循，但经常使用的动词变化方式又全都是不规则的。这是为什么呢，我一直觉得纳闷。不太使用的动词，大家记不住它们的变化方式，所以按固定的方式变化，我读到过这样的解释。这理由就好像"不太露面的会员，因为名字没被记住，所以干脆决定全都叫山田君"，我这么想或许有些奇怪，但那确实不能完全让我信服。另外有种见解，认为经常使用的动词，因为使用过度而混乱，所以越出了规则的范围。所谓的法则，是这样的东西吗？如果把苹果过于频繁地扔在地板上，万有引力法则也会发生混乱吗？苹果本身即使摔得稀烂，法则也不会有变化吧。

与其假定某个地方存在绝对的规则,还不如认为一切都处于连续不断的运动中,这样思考,更容易和语言打交道。

一月十八日

从施特拉尔松德回家的列车中,我打开了一直关机的手机。因为今天下午我要和柏林的朋友一起去购物,约好用手机联络。一开机,手机马上响了,我惊讶地一看显示屏,上面竟然有日本的国际长途区号"81"。有电话从日本打过来真是罕见。究竟是谁呢?我战战兢兢地接起电话,是读卖新闻社打来的,说我获得了读卖文学奖。这可真让我大吃一惊。窗外的雪景听了这消息却丝毫不为所动,什么变化也未显露。

获奖作品是去年出版的小说《雲をつかむ話》(《云里雾里的故事》)。我起这一标题,是想反抗成语[1]中所含有的、把常识强加于人的力量。就算你说"そんな雲をつかむような話(如云里雾里的

---

[1] 雲をつかむような話,日语中的成语,意思是云里雾里、捕风捉影的话。

话)"也让人无可奈何,含含糊糊,意图和目的都不清楚,事情的走向是什么,过去发生了什么,一点儿也不明白,谁也理解不了:对成语里包含的这种常识,我要反其道而行之,想试着说,"いや、雲をつかむのが文学なのだ(不,云里雾里的才是文学啊)",于是起了那样的书名。

一月十九日

听说,临睡之前,老盯着电脑显示器的闪光,会导致睡眠不深。读无聊的小说是种痛苦,睡前读有意思的小说又睡不着觉。于是,我需要一种恰好适合睡前阅读,既有趣又非文学性的,比较轻松的月刊杂志。对我来说,这就是《Psychologie Heute》杂志,翻译成日语,是《今日の心理学》(《今日心理学》)吗?有些报道文章写得过于松散,让人有点生气,但对于睡眠却恰到好处。而且有趣的报道也不少。在2月号中,登载了一篇题为"拼写练习可以休矣"的采访记。访谈中一位语言教育学家谈到了各种各样的话题。他们对德国的九年级(相当于日本的初中三年级)学生进行拼写测验,发现成绩相比 70 年代有了明显下降。

虽然读书很重要，但光靠读书也记不住拼写。据说，有些孩子非常喜欢《哈利·波特》一书，从头到尾读完了，可你让他写出场人物的名字时，拼写错误却有很多。因为他们热衷于故事情节，根本顾不上拼写之类的。即使对拼写没有帮助，读书仍是重要的，这一点自不待说。

教人读书写字的教科书中也存在着问题，这位语言教育学家说。例如，德国小学一年级学生使用的某课本的开头部分，就出现了"Tiger（虎）[1]"一词，实在奇怪。要说为什么，这是因为在德语里，长音的"依——"，72% 都写作"ie"。"Liebe（爱）"或"Lied（歌）"就是很好的例子。"i"单独出现，却发长音"依——"的情况，仅占 9%，然而，不仅是虎，连刺猬"Igel"都放在开头部分，到底是作何打算呢，语言教育学家愤慨地说。

在德国，Legasthenie[2] 经常成为话题。这是一种学习障碍，表现为记不住如何拼写，或是单词就

---

[1] 德语中"老虎"一词的拼写与英文一样，但发音不同。
[2] 失读症，诵读或书写困难。

在眼前,却不会发音。情况从轻微到严重都有,在德国这被视为一种有先天遗传性的疾病。有趣的是,成绩好的孩子或擅长外语的孩子中,患有阅读障碍的也不少。甚至有人认为,作家当中有这种障碍的人也有很多。我要是生在德国,一定也会被诊断为有这种病的。记汉字或字母拼写是我的弱项,一直都很吃力。

"但是,患未患失读症和怀没怀孕之类的问题,有根本的区别,"语言教育学家说。"这话怎么说?""对于怀孕,没有稍微怀孕或相当怀孕一说。怀孕了,或没怀孕,二者必选其一。而失读症时常是相对的,有的人稍微有些障碍,有的人相当严重,或许可以说,只要是人,谁都有点这方面的障碍。只有当保险公司承认这是一种病,并且支付治疗费——家庭教师的薪水时,才有必要把这界线搞得很清楚吧。"我读着语言教育学家的话,不禁笑了。如果说人人都有失读症,那么这不是病,而是意味着用文字记述语言,对人类来说根本就是困难的,难道不是吗?

一月二十日

列维-斯特劳斯[1]在1977—1988年间,曾5次访问日本。将当时的演讲收集起来并译成德语的书籍于去年出版,《Die Zeit》(《时代》)周报请我写篇书评。写书评我基本上都会推掉,可这一次他们说可以任意发挥,甚至宁愿我写一篇与"真正的书评"有很大不同的随笔,于是我接受了。

这篇随笔最终登载出来后,我去报摊上买了回来。《Die Zeit》这份周报,比起新闻报道来,更侧重于社会政治分析和文化方面,虽然一周只出一次,但是沉甸甸的,价格为一份600日元左右。很有读头,全部读完的话,太阳也要落山了。

我在早稻田大学念书的时候,读过《忧郁的热带》[2]一书。成长于受文字束缚的文明中的男人,进入据称是"野性的"社会。那个文明本身的构造虽

---

[1] 列维-斯特劳斯(Claude Levi-Strauss,1908年11月28日—2009年10月30日),法国当代著名的哲学家、社会学家、神话学家和人类学家,也是法国结构主义的领袖人物。
[2] 《忧郁的热带》是列维-斯特劳斯的回忆录,出版于1955年。记载了他在亚马孙河流域和巴西高地森林,卡都卫欧、波洛洛、南比克瓦拉等几个最原始部落里情趣盎然、寓意深远的思考历程与生活体验。他在丛林深处找到还原了最基本形态的人类社会。

然不是野性的，但残存着殖民主义留下的伤痕。例如，里面有位酋长，实际上不识字，却推察到识字意味着拥有某种权力，因此假装识字。该书的作者见此，心中感觉倦怠、闷热、悲伤。在文字文明中生活的人在热带感到的忧郁，留在了读者的印象里。

不过，列维-斯特劳斯受邀去日本时已步入晚年，此时他思想漫步的地方，已不再是依赖文字而堕落的文明和具有原始纯粹性口述文明之间的对比。

例如，记录在《古事记》[1]中的神话，有些与南美口头流传的神话具有相同的起源。不过，文字记载的《古事记》的版本要更加古老。我读到这一段，相当兴奋。说起《古事记》，在日本拥有"国粹"[2]般的形象，但结果表明，其实与之相反，日本文化是通过海洋松散联结、共同发展起来的太平洋文化圈的一部分，证明这一点的正是《古事记》。

20世纪90年代，我一边读《古事记》，一边觉得在"因幡的白兔"[3]里出现了鳄鱼实在有趣。《古

---

[1]《古事记》是日本最古老的历史书，712年（日本和铜5年）太朝臣安万侣（又称太安万侣）编撰完毕，献于元明天皇。

[2] 指一个国家固有文化中的精华。

[3] "因幡的白兔"是《古事记》中的一则神话。

事记》被认为是日本自古便有的神话，里面竟然出现异国情调的动物，关于发现这一点的快乐，我在日本某份报纸上发表了一篇随笔。结果，有位人士特意写信向我指出，"所谓wani（鳄的日语发音），是出云、隐岐岛一带的方言，指鲨鱼。"那么说，《古事记》里终究没有出现异国情调的动物，我一度有些失望。然而，读着列维－斯特劳斯的作品，我了解到，所谓"《古事记》中的wani是鲨鱼"，不过是一种学说罢了。列维－斯特劳斯或德国的日本神话研究者克劳斯·安东尼（Klaus Antoni）等人，不同意这种意见，断言wani就是我们知道的那种鳄鱼，用德语说就是"Krokodil"。列维－斯特劳斯在那本书中几次引用克劳斯·安东尼，我一边怀念地回想起，自己在汉堡的大学时代上过安东尼老师的课，一边像鳄鱼一样咧开嘴笑了。

一月二十一日

到了中午气温仍是零下10度。EH夫妇开办的一家名为"TAEA"的书店发来邮件，说我昨天用电子邮件订购的书到了。我用电子邮件向附近的书店订货，如果书来了，他们就用邮件通知我。这与从互联网上的公司买书不同,你不必担心人不在家的时候书送上门,也不会因为迫使别人大量使用包装纸,而加剧对环境的破坏。最近在德国,某家在互联网上销售图书的公司,因为让职工在恶劣的劳动条件下工作而成为众矢之的,甚至出现了要抵制他们的苗头。

步行到书店去有点儿冷,然而,整天不出门对身体不好,而且,把书店里陈列的新书拿在手上翻阅,也是件乐事。

我订购的是一本名叫《Kiezdeutsch》的书,由波茨坦大学语言学老师海克·维泽(Heike Wiese)所写,用日语说就是《キーツ・ドイツ語》(《贫民窟德语》)。一般称穷人和移民聚居的地区为キーツ(贫民窟)。汉堡的绳索街之类的是典型的キーツ,但除了是红灯区以外,长久以来在那里居住的人与人之间交流充分,所以也是适于居住的地区。

贫民窟德语是"德国青少年,受了不良少年们说的口语的影响——那些不良少年的父母是从库尔德语、阿拉伯语、土耳其语圈移民过来的——所说的一种品位不高的语言",社会上盛行这样一种说法,而该书的作者对这一误解一点一点地做了细致的解释。

　　书里说，讲贫民窟德语的年轻人并非是因为在学校不好好学习，才把语法弄错的。也不是父母受母语的影响扭曲了德语语法，他们加以效法。海克·维泽通过分析贫民窟德语的语法，阐明了贫民窟德语是遵循了德语本身包含的发展规律而形成的。语言发生变化是很自然的事，但从它的变化方式里，能看出几种模式。例如，动词有时会变成不变化动词（Partikel）。有 Bitte 这样一个单词，是向人拜托事情时使用的。原本是"请求"这一单词的第一人称单数现在时，如今已经变成了不变化动词，不需要主语，词尾也不发生变化。变成了一个可以原样使用的、便利的小词团。

　　贫民窟德语中的"Lassma"一词，原本也是"Lass uns mal"3个单词，"Lass"是"lassen"这一单词的命令式，"uns"是第一人称复数（我们）的人称代词"wir"的第四格，"mal"则具有调整语调和缓和语气的功能。这3个单词变成一个词团，形成了"让我们干什么什么吧"之意的"Lassma"。与英语的"Let's"也有些类似。"Lassma Kino gehen!（让我们去看电影吧！）"

顺便说一下，前面那句话中，"Kino（电影）"前面的介词"in（去）"遗漏了，但是我想，在日语口语里，像"映画、行かない？（不去看电影吗？）"这样，省略"て、に、を、は"[1]等助词的现象，不是同样很普遍吗？

"年轻人说话混乱，特别是移民的德语更要命，"有人如此抱怨，可是，这些人是真的在观察语言本身吗，还是把自己的大脑让位给了"最近的年轻人如何如何"这种思维模式了呢？例如，在表示场所的专有名词之前不加介词"in"这种倾向，其实最近在接受过良好教育的德国成年人中也能见到，根据语言学系学生的调查，在说明从自己的住宅到某个地铁站的路径时，和贫民窟德语似乎无缘的德国成年人里，有三分之二的人在地名、车站名之前几乎都不加"in"。有一点也许先说清楚比较好，那就是并非在任何语境下都有很多人省略这个介词。只是说，在口头说明行走路线时，这种倾向特别强烈。

群集在大街上的年轻人，会省略"in"，对着手

---

[1] 这4个都是日语中的助词。

机说"Ich bin Kreuzberg(我在克罗依茨贝格[1])",有些人形成了这样的刻板印象。实际上,深信自己平时绝对使用"in"的人,说话时也经常省略"in",只是他们没有觉察罢了。这是上述实验结果的有趣之处吧。

在日本也能见到相似的倾向。在有轨电车中,听到年轻人对着手机说,"今、渋谷(现在,涩谷[2])"就哀叹"日语混乱了",那是不对的,在那种状况下,"わたしは(我)"、"に(介词,在)"、"います(动词,在)",都不需要。

附带说一下,刚才写到的"让我们干什么什么吧"之意的"Lassma",是在自己也参与其中一起干某事的场合下使用,与此相对,"Musstu"的意思是,"你必须怎么怎么做"或"你怎么怎么做如何?",在催促或建议对方做某事时使用。它也是放在句首,后面接动词不定式就可以,使用起来非常简单。像"Musstu aufpassen!(当心!)"这样。原来的形式是"mußt du(你必须)",由两个单词组成,

---

[1] 克罗依茨贝格,德国柏林的一个区。

[2] 涩谷,位于日本东京都,与银座、新宿、池袋、浅草同为东京著名的繁华区。

现在变成一个词团，词序永远不变，放在句首。

日语中"行こう！""行けば？""行かなきゃ"[1]之类的口语表达法，乍一看似乎很简单，但其实，假如不掌握"行く"这一动词的词尾变化，你就无法使用，因此，对日语初学者来说并不是那么简单的。你不记住"行かない、行きます、行く、行く時、行けば、行け"等词尾变化，就无法使用。而且，并非所有的动词都按那样变化词尾。贫民窟德语的"Lassma"使用起来要简单得多。

贫民窟德语中有个一般人也都了解的表达法，那就是"Ischwör"。表示"我"的"Ich"，在贫民窟德语中变成"Isch"，然后与后面的动词schwören（发誓）合为一体，成为一个插入句中任何位置都可以的词团，这就是"Ischwör"。它不会影响从句的词序和时态。它本来就不会形成主句。

"发誓"这个动词，我个人相当用不惯，但它在欧洲语言中是经常使用的。说贫民窟德语的人，

---

[1] 行こう、行けば、行かなきゃ分别为日语单词行く（去）的意志形、假定形和未然形。后文行かない、行きます、行く、行く時、行けば、行け分别为日语单词行く（去）的未然形、连用形、基本形、连体形、假定形和命令形。

满嘴都是这个词，不过，他们每次这样说的时候，并非真的在向上帝发誓，而只是强调"绝对是那样，我没撒谎"罢了。"Ischwör"让人感到未成熟但朝气蓬勃的认真、偏狭和热情，还有一点点单纯和愚蠢。翻译成"まじで（千真万确）"的话，我想有很多场合是相当贴切的。

按相同的模式，从"Ich glaube（我相信）"形成的"glaubich（我认为多半是那样）"，在口语里随处可见，不过，这个词已经获得了公民权，在和贫民窟无关的场所也被人使用。我想，有很多人会承认自己经常使用这个表达法。这个词具有柔软性，将"我那么认为"的内容加以缓和，使之带有"那么认为的说不定只有我自己"的意思。

据称，海克·维泽还考察了斯堪的纳维亚半岛年轻人的语言，发现与贫民窟德语有共同之处。据他说，对于"年轻人的语言"或"语言发生了混乱"这样的话题，很多人都抱有兴趣。在派对上被陌生人问到职业时，如果回答说，"我是语言学家，研究名词类复合以及数词"，那么谈话会就此中断，可假如回答说，"我在研究年轻人的语言"，那么大部分人都会眼睛放光，开始发表自己的意见了。

在文学中，书面语发生僵化、无法动弹的时候，只要向口语学习身体的活动方法，就能恢复生气，继续存活下去。因为不是我的母语，所以我用德语写作时，是不是过于认真地按学校教的语法那样写了呢？这样的疑问一直在我的脑海里盘旋。如果是日语，那么我会时而掺入口语元素，时而稍稍偏离普通的表现法。好心的编辑为了确认一下，用铅笔写上"原封不动？"时，我只需回答"原封不动"即可。但是，到了德语，虽然我写稿子时，在街角听到过的话语又在脑子里复苏，或者以此为基础自己想出的有趣的表达法浮现在脑海，然而有时在自我审查的阶段，它们全都消失了，没有形成文字。正因为是外国人，才与被认为是外国人特有的德语保持距离，结果放过了大好的机会。

一月二十二日

今天我接到一个悲伤的消息，多年来在康奈尔大学教授日语和日本文学的塞尔登·恭子（Kyoko Selden）女士不幸去世了。我从书架上抽出她最后寄给我的一本文选，打开一看，里面夹着一封简洁的谢函。宛如用毛笔写成的、自由流动的字体。在编辑日本女性作家作品集《More Stories by Japanese Women Writers》时，她将我的《目星の花ちろめいて》(《小星星在我的眼里闪烁》) 翻译成英文，收入其中。她为什么选择我的这篇作品呢？从日语的古文获得启发，想扩展表达的可能性，我是承蒙她感受到我的这种热情了吗？如果是这样，那么应该是我为此泥首以谢，现在却成了永远的遗憾。

刚才我突然使用了敬语（或者说我努力想使用敬语），是因为在我的记忆中，塞尔登女士的日语品位很高的缘故吧。说不定，1936年出生的她，将周围环境中人们讲的日语，原样带到了美国，在加以变奏的同时保存了下来。

《小星星在我的眼里闪烁》这部作品由4个简短的事件构成，分别题为"あやめびと""むかしびと""わたりびと"和"ほかひびと"。塞尔登女士将"あやめびと"译为"凶手"，将"むかしびと"译为"来自过去的访客"，将"わたりびと"译为"徒步旅行者"，将"ほかひびと"译为"乞丐"。译者从原文单词出发，到达译文单词的旅程越长，译者的内涵就越丰富。

一月二十三日

推敲这项工作是件不可思议的事情,同一处地方,一天之内反复读好几遍,推敲好几遍,是很不容易做到的。使其睡一个晚上(虽然这种场合,睡觉的是稿子还是我自己,不太搞得清楚),第二天早晨,昨天写的什么忘得一干二净,用这样的头脑再来重读一遍,哪里应该改动就一清二楚了。次日早晨再重复同样的工作,又能修改到别的地方。而且,有朝一日会迎来一个瞬间,从"这样很好"转变为"再过多地摆弄反而不美"。如果这样,那么让完成的文稿踏上旅程就行了。在此之前,你必须经过好几个晚上的睡眠。深沉的睡眠是良好推敲的条件。通过睡眠,动物般地一下子把握整体的能力,就会来到你大脑的前方。如果没有这种能力,推敲多少小时也没有意义。在决定什么地方如何使用怎样的单词时,决定因素多如牛毛。假设我现在是一头狮子,前面不远的地方有一只鹿。风向、草的湿润程度、鹿站立的位置、鹿的年龄、我自己今天的状态等等,如果一一检查并计算的话,鹿早跑了。需要一刹那做出综合的判断。

"虽然不能很好地说明,但这种表现法奇

怪，那种比较好"，这样的感觉在德语里通常称作Sprachgefühl。日语的话，是叫作"言語感覚（语言感觉）"吗？可是，我们对语言进行思考时，使用感觉或感情这种概念妥当吗？我表示怀疑。因为语言的操作过程太过复杂，所以分析说明起来很麻烦，我们这才说"这是语感，因此无法说明"，难道不是吗？特别是母语的场合，有很多人无法立即说明，自己为什么觉得某个句子奇怪。

例如，"お茶する[1]（去茶馆喝茶）"这种新词语出现的时候，我们判断"お酒する（去酒馆喝日本酒）"是正确的，而"ビールする（去酒馆喝啤酒）"奇怪，这不是感觉的问题，更不是感情的问题。只是说明其规律性比较困难，我们才说"这是感觉问题"了事罢了。并非所有无法用道理立即说明的东西，全都是感情或感觉。

一月二十四日

我曾在某个派对上结识一位演员RG先生，他

---

[1]　20世纪70年代流行一种表达法，用"〇〇する"，表示"去什么什么地方"，诸如"お茶する"表示"去茶馆喝茶"等。

说契诃夫的《樱桃园》在"柏林剧团（Berliner Ensemble）"剧院上演，自己在其中扮演陆伯兴一角，还送了我戏票，于是我和朋友一起前往观看。导演为托马斯·朗霍夫（Thomas Langhoff），但在去年首次公演之后，不幸离世。

我一边看演出，一边想到，如果放在现代，陆伯兴说不定是最合乎常识的人呢。不让土地闲置，而是作为资本有效地利用，这是常识，观光业是重要的产业，这种看法也是常识。我看惯了其他导演将陆伯兴作为没有教养的暴发户，加以讽刺性地描绘，这一回让我有些吃惊。

在这一版本的角色分配中，朗涅夫斯卡娅夫人只是一个疲倦、自暴自弃、没有责任感的人物，太没有魅力了，让人没有心情为她执着于樱桃园的行为找出什么意义。结果，这部戏表现出的只是，陆伯兴的性格虽然有些扭曲，但整体还是正派的，朗涅夫斯卡娅夫人则是个令人头疼的人。这一点让人感觉遗憾。我也不知道为什么，但是在这里，如果朗涅夫斯卡娅夫人作为一个非常有魅力的人，和陆伯兴展开交锋，无论如何坚决不卖樱桃园，那才有意思呢。

我以《樱桃园》为原型，写了一部名为《さくらのそのにっぽん》(《樱桃园日本》) 的剧本，2010年在东京"两国城市核心"大厦内的 X 剧院上演。当时，我试着将俄语原文、德语译本、英语译本、日语译本的《樱桃园》拿来对照着看。担任导演的鲁思·坎纳 (Ruth Kanner) 是以色列人，她拿着希伯来语的《樱桃园》来参加事前商谈。我一看见希伯来文字，它们就以樱桃园中植物的形象向我迫近。

还有件小事情，但我现在仍时不时地回想起来，那就是在该剧的开头，迟到的火车终于到站时，陆伯兴说了一句，"Слава Богу"。翻译成英语是"thank God"，德语则是"Gott sei Dank"，大致意思是"啊，太好了"，是人们常用的熟语，直译的话就是"感谢上帝"。不管是熟语还是别的什么，作为单词的上帝，在俄语原文、德语译本和英语译本里都出现了。小野理子翻译的版本里，则成了"やれやれ（哎呀呀）"。翻得真不错呀，我心想。这是没有上帝的国家的"哎呀呀"。

我上高中时，有位朋友的口头禅就是"哎呀呀"。我听到这个词儿会有某种安心感。"哎呀呀"

这个词语给我一种微妙的感触,那就是"世上有种种烦恼事,你不免为之叹息,不过,你仍然喜欢这个世界,感觉对讨厌的家伙也能报以微笑"。然而,那位朋友在50岁的时候自杀身亡。从那以后,我一听到有人说"哎呀呀",不啻听到了警报钟声的鸣响。

一月二十五日

几星期前,韩国的大山文化财团和我联系,说是文学新人奖的获奖者们要来欧洲旅行,问我在他们于柏林逗留期间,能否与之一会,一起吃个午餐,同他们说说话。我欣然答应。信函中写到,欧洲旅行是文学新人奖的附加奖励。今天是约定的日子,我们约好在Literaturhaus(类似于文学中心)的餐厅碰头,到场的是二十出头的韩国女性五人及男性一人,分别为诗、小说、戏剧等各个门类的获奖者。好像要在11天内,周游柏林、巴黎、伦敦、里昂等地。

因为说是"希望我跟他们说说话",所以我想是闲聊一样的感觉吧,结果大伙儿都像参加大学的研究班一般认真,都是预先读过我的小说《うろこもち》(《鼹鼠》) 的韩语版，想好了问题来的。我一回答，他们又掏出笔记本，边听边做记录。他们提问时全无害羞、紧张、乖戾之态，是文雅的国际化人士，还给人以温馨的感觉。

提问不局限于小说，有的涉及一般文化方面。"来到遥远的德国一看，也有'星巴克咖啡店'和'宜家家居'，感觉和韩国差不多，您认为是由于全球化的原因，文化差异缩小了吗？"有人这样问。他们给我的印象不像日本的学生或文学新人，更像美国年轻的精英。

全球化的社会里，首尔也好，柏林也好，全都一样吗？我的回答是，如果学习德国的语言，进入德国的文化中，那么你就能发现大量有意义的差别。比起没有差异，有差异更好。如果只限于做个旅行者的话，那么即使去了不同国家，可能也会继续喝同样的"依云"矿泉水，然而，假如你和德国人的家庭一起生活，那么仅仅关于水这方面，也能感受到很大的文化差异。例如，在德国，喝不含气泡的水的人增多，是最近 15 年左右的事，在此之前，一说到喝水，必定是喝含气泡的水。另外，各个地方的自来水的水质也完全不同。在柏林，用富含钙质的自来水沏的红茶或绿茶,和在日本沏的味道完全不一样。此外,洗衣服时,通常要把去钙的药片连同洗衣粉放进去,否则洗衣机就会损坏。一进餐厅也不会自动奉上免费的茶水。仔细看去,就连各个国家的"星巴克"也有种种的差异,无论哪种差异,都有着历史方面的理由。况且,你如何领会职场和学校的人际关系、恋爱、争吵,又如何去讲述等等,差异数不胜数。倒不如说,全球化仅限于某某公司销售某样东西以便赚钱的领域,难道不是吗?

韩国与日本的文化差异在我意想不到的地方存在着。我把自己在日本出版的图书给他们看,这些年轻的韩国人立刻大声惊呼,"咦?竖排的!"反过来让我也吃了一惊。这么说来,韩国的现代文学是横排的。中国也是横排的。去年我去中国的时候,看到不光是现代文学,连横排的唐诗选也有卖,很是惊讶。日本被称为即使在东亚范围内,也是格外保留了很多古代事物的国家,然而,韩国的年轻一代,看见竖排的日语,竟然像看见古埃及的象形文字一样惊奇吗?

今天替我们担任口译的 SN 女士是居住在德国的韩裔中年女性,她作为专业译员在法院工作,不过,她爱好文学,还从事德国现代文学的翻译。她尤其喜欢英戈·舒尔茨[1]的小说,听说已经将好几本翻译成韩语了。

今天,她一边做着口译,一边抱怨说,"现在韩国人讲话,从英语引入的外来语太多了。"我感觉她是把内容充分咀嚼,转化成自己的东西,然后翻译出来,所以我讲话时心情很好。不可思议的是,虽然我只懂单方面的语言,可通过观察口译者,我却能区别出,既有像SN女士这样,充分领会话的内容再翻译,因而感觉效果很好的时候,也有完全不是这么回事的时候。

一月二十六日

我看《现代诗手帖》杂志1月号时,发现上面有关口凉子[2]和冈井隆[3]的谈话。关口女士的发言,把翻译和写诗这两件事明确地联结在一起。"……

---

[1] 英戈·舒尔茨(Ingo Schulze,1962年12月15日—),德国作家,出生于前东德德累斯顿市。

[2] 关口凉子(1970年12月21日—),日本出生,在法国居住的诗人、艺术史学家、翻译家。

[3] 冈井隆(1928年1月5日—2020年7月10日),日本的和歌诗人、诗人、文学评论家。

作为诗人自己却不搞翻译,这是不可想象的。我想,这大概和冈井先生难以想象自己作为和歌诗人与诗人,却不阅读、分析什么东西是一样的。"我对此完全有同感。话虽如此,关口女士实际从事着大量的翻译工作,还把我的《嫌疑犯的夜行列车》一书翻译成法文,我却与她不同,真正的翻译,我还几乎没搞过。

我虽然不是翻译家,但我经常把自己逼入"翻译者般的"位置,来审视德语和日语的句子。这个句子能翻译吗,难翻吗,我通过这些,发现句子的特色。

《现代诗手帖》的同月号载有伊藤比吕美[1]女士的《むき身とヒーラー》(贝壳肉和治疗者)一诗。在美国,她把"讲日语的女人们"叫到自己家里,一边用亲手做的菜肴款待她们,一边闲聊。她写的不是"日本人",而是"讲日语的女人们",引起了我的兴趣,继续读下去,她又写着,"用日语吃饭,用日语闲聊"。她写的不是"吃的食物是日本料

---

[1] 伊藤比吕美(1955年9月13日—),日本诗人。出生于东京,1984年起居住于熊本市,自1997年以来居住在美国加州,经常往返于两地之间。

理",而是"用日语吃饭"。我加入自己的经验,把以上诗句理解成,一边说着日语,一边吃东西,食物渐渐消化的那种独特感觉,难道不是这样吗?消化过程进一步发展,在"想解出更多的大便,用日语"达到高潮。

和同时用法语写诗的关口女士一样,伊藤女士也用英语创作。可是在这里,我们一刹那忘记了她用什么语言写作的问题,而是被引向了用什么语言排泄的疑问。诗的语言具有一种功能,能让我们舍弃产子、排泄、衰老、痛苦的身体,向上攀登到"崇高"一点的地方。而伊藤女士写的诗,好像是否定这一点,恰恰是拉到产子、排泄、衰老的身体上来写。像贝肉一样赤裸的女性,否定了保护自己不受外界侵害的贝壳一样的语言。因此伤痕累累。这种时候,她想要通过米饭,从内侧得到放松和恢复。这样,今天我能享用到伊藤女士烹饪的日本"語飯"[1]。

---

[1] 与ご飯,即米饭同音。

一月二十七日

有朋友招呼我去家里喝茶。另外来的还有一对夫妇,据说二人在大学教授哲学,不过,他们最近对意识和冥想的问题产生了兴趣。长年坐禅或进行其他形式冥想修行的人,大脑会发生改变,这一点在实验室里可以测定出来,诸如此类的话,最近我在报纸、杂志上也经常读到。如果别人光跟我说"打坐的话,精神能够集中",完全没什么奇怪的,可是若说"最近的脑医学能够测定出来",实在让我不安。即便能精密地检查大脑,现在的医学还达不到测定思维内容的水平。冥想引起的大脑的状态,是检查作为物质的大脑就能明白的那种东西吗?

虽然是请来喝茶的,可四个人围着桌子闲聊,时间不知不觉过去,不知什么时候,茶水变红,换成了红葡萄酒,时间也到了深夜。不善饮酒的我,喝下之后自我意识渐渐淡薄下去。没有"我思故我在"中的"我",哲学就不成立了,但是,这个"我"通过冥想会消失吗,我们聊起这样的话题,虽然嘴里说得回家了,可大伙儿舍不得站起来。

德语的"denken(想)"这个动词,不一定需要宾语,这让我觉得不可思议。如果是日语,就会演变成,"你在做什么?""我在想。""想什么?"这样的对话了吧。如果是"考え事をしている(在思考问题)",那么"考え事(思考问题)"成为宾语,句子感觉稳定,可是,没有宾语的"考える(想)",在日语里是不稳定的。勉强挑战这一准则,我试着写出以下对话。"我现在在思考。""关于什么?""问题不在关于什么而思考。思考这件事本身就有意义。"

"我思故我在"是有名的佳译,但没有宾语的"思",在日语中一般来说是没有确立这种用法的。

我想起,海德格尔[1]在评论特拉克尔[2]时,对这位诗人的《Im Dunkel》(《在黑暗中》)一诗中将"schweigen(沉默)"作为及物动词使用,曾予以关注。"灵魂沉默蓝色的春天。""沉默"通常不带宾语。在日语里也是一样。沉默的时候没有对象,我们如此断定行吗?我们不能将思维让位给语法。在"沉默"时,还有"死亡"时,我觉得在这种时候,

---

[1] 海德格尔(Martin Heidegger,1889年9月26日—1976年5月26日),德国哲学家。

[2] 格奥尔格·特拉克尔(Georg Trakl,1887年2月3日—1914年11月3日),奥地利诗人。

才应该去寻找一下直接宾语呢。

一月二十八日

昨晚大伙儿在一起说的话，还在我脑子里咕噜咕噜打转。"将脑海中不断有杂念浮现的自己推开来审视，将那些杂念倏地付诸流水"，或是"吸气时将坐骨扎进地板，伸直脊骨，呼气时，将于身体无益的力气，全部一起呼出"，据说按照这样语句的引导，能够进入冥想状态。没有语言进入不了那种状态，因此冥想不是没有语言的世界，而是将无益的语言，用别的语言驱赶出去，也就是说，它和文学类似，难道不是吗？说是无益的语言，可能会招致误解。说它是疮痂一样的语句也行。例如有的人，头脑被"自己是多么没用的人啊"这样固定的看法支配，看不到现实的情况。这是过去受过的伤，虽然已经不流血了，但一揭疮痂的话，又会流血，所以永远紧紧抱住疮痂一样的语句不放，尽管那只不过是一层死皮。

首先，有必要将这一语句进行拆解。可是，你对他说，"你不是没用的人哟"，也是白搭吧。这道理他本人也懂。但是，疮痂缺乏流动性。"自己是多么没用的人啊"这样固定的看法，不是出自思考这种行为，而是停止思考之后留下来的物质。

我们将语句作为物质来看。将一个个单词作为物来观察。认为单词是自己的内心向外溢出的东西，这是一种主观成见。单词在我出生之前就已存在，拥有它独自的历史，即使我死了，它也会毫不悲伤，继续存在下去吧。

让我们注意"自分はなんて駄目な人間なんだろう（自己是多么没用的人啊）"这句话中的"駄目（没用）"这一单词。一查《岩波汉语辞典》，"駄"是"让马背货物"之意，因为运货用的马被认为劣于骑乘用的马，所以有了否定的意味。如果我是马，与其驮着奇怪的人类，我宁愿运送货物。我再查《新潮日本语汉字辞典》，发现这个字加入常用汉字表是昭和56年的事，这让我吃了一惊。说到昭和56年，我业已21岁，已经吃过很多的"駄菓子（粗点心）"，一边讲着"駄洒落（笨拙的俏皮话）"，写着"駄作（拙劣的作品）"，一边生活，却连"駄"不是常用汉字都没有觉察到。

如果孩子想偷偷地摸一下不能摸的东西，母亲会说，"駄目よ（不行哟）"。假如是"あなたはそ

れに触ってはいけません（你不能碰那个）"这样的句子结构，那么有主语，有作为对象的物，再加上表示禁止的助动词等等，主体出于自己的意志，决定不摸。"駄目よ"既没有主语也没有动词。一看考试结果，颓丧地垂下肩膀，说"駄目だった（完蛋了）"。这个场合也是既没主语也没动词。如果说"我在考试中不及格"，那么主语"我"在不得不接受失败的同时，还能再一次发起挑战。但是，"駄目"是精疲力竭地坐在地上，没有立体感。在更广阔一些的舞台上，许多演员随便闲谈，怎么会没有给人以这种氛围感的表达法呢？听着这样精疲力竭、瘫倒在地的语言，从小时候起，就生活在"駄目駄目"的世界里，最终变成了"駄目（没用）"的人，那时则只有自杀一途了。我想，这不是说日语不好，而是日语的用法过于平面，难道不是吗？

将"駄目"一词用罗马字母写成"Dame"，在德语里意思是"妇女"。有一则笑话，说是某位日本旅客，在德国想上厕所，只见一边门上写着"Dame（日语'駄目'的读音，即不许进）"，另一边门上写着"Herren（德语先生之意，又是日语江户方言里'入れん'的读音，即不能进)"，结果哪边都不能进。

关于"駄目"，我漫无边际地琢磨的当儿，晚上 10 点左右来了封电子邮件，说是 1 月 15 日我们去汉堡市临终关怀院探望的 EW 先生，今天清晨去世了。能见到他最后一面真好。

一月二十九日

居住在柏林的日本人 YS 君，在写一篇关于我的作品的博士论文，他来我家，要把我在最近一年左右出版的杂志和文选中登载的文章或是译文，复印了带回去。出于研究的目的，还制成了详细的文献清单。我劝他使用我房间里的复印机，可 YS 君说复印量太大，可能要花费很长时间，所以还是不麻烦了，说完他去了附近的复印店。也许有人认为复印店之类的是落后于时代的东西，可是留意一看，不仅是柏林，在巴黎等地也是意外地多，而且经常人满为患。

复印回来的 YS 君对我说了以下的事情。他在复印店，把书和杂志一本本从手提箱里取出、复印的当儿，一直在旁边凝神观察他的一位老人，突然开口问他,"你在写博士论文吗?"人去复印店有各种各样的理由,这位老人却连博士论文都能准确地说中,实在有趣。我以这一场景为开端,似乎能写一部短篇小说。

据YS君说,他不记日记,所以像这样比较有趣的事情或是和意外之人的相遇,也不断地忘记,有点儿遗憾。确实,多亏了这样极小的事件,某一天才成为我们人生中绝无仅有的日子。

我现在记着"两本账"。除了这本主要记录与语言相关的事情以外,还有一本记载其他事情的普通日记。普通日记我从小学高年级起就一直记录着。

当我意识到,语言对我来说不是体系,而是一种"事件"时,我想,日记对我而言,不正是记录关于语言的事情最合适的形式吗?每天在自己身上会发生什么事,无法预料,也无法操纵。你和什么人相会,只要对方不拒绝,在某种程度上你可以自己决定,但是,那个人会说出什么话来,是无法预料的。语言时常令人惊奇。

没有人会去系统地学习母语。每天飞过来的单词到底处于语言体系中的何种位置,全然不知,当然,也没有词性等等的概念,只是作为声音,一个一个地接纳进来。生活就意味着持续暴露在语言之下，将偶然投来的语言，用新鲜的心情不断接住，这样才能防止语言的疮痂化。

我在《广辞苑》（第四版）里查"日记"这个词时，发现下一页上有"日本"这一条目，解释为"わが国の国号（我国的国名）"。我呀的一声惊叹。"わが"当然是"我的，自己的"之意，可是，将日本解释为自己国家的辞典"作者"，是用第一人称在写辞典吗？那样的话，说不定会变成，"东京"的解释是"我的城市"，"长卷毛狗"是"我养的狗"。顺便说一下，不仅是我喜欢的《广辞苑》，其他出版社的辞典上，也写着"日本"是"我国的国名"。还是这定义意味着，把所有懂日语、使用日语辞典的人的全体统称为"日本"呢？我虽然对这样的定义有好感，但它和现实有出入。因为无论你日语多么好，光凭这一点依然不能获得日本的永久居住权。如果换了我，会给出"日本"是"位于亚洲东端的岛国"的解释吧。

一月三十日

我去一位英国熟人AP女士的家里，因为一个月后,我要去美国举行朗读会,所以现在把一次也未在人前读过的段落练习练习。如果发音有误,她会为我纠正,但更重要的是,只要有在别人面前朗读过,哪怕就一次,正式表演也会因此有完全的改观。当然,也可以一个人反复练习朗读,但在别人面前大声朗读时,你才会第一次认真面对一些问题,比如自己是出于什么考虑写那样的东西的,又是出于什么考虑将其发表的,然后你才能沉着地朗读。

初次向别人大声朗读自己的作品时,内心有稍许的动摇,甚至朗读也结结巴巴。自己写的东西,以这样的形式暴露于外界,对此我每次都会感到惊奇。

将朗读着英语的自己——包括乡土音、错误和犹豫不决——推开来观察,接受既不比这好也不比这坏的自己,不这样你就无法朗读。"我从未在英语圈生活过。但是,在英语圈开朗读会的经历有好多次,每次都欢喜而归。虽然没有比这更好,但也不比这更坏。而且,虽然现在无法预计人们会如何接受我,但我想在美国朗读这些文本。"我想以这样爽朗的精神,去迎接正式的表演。

所谓朗读自己的作品,也许是自己变成他人的瞬间。说朗读时有些"不自然"或"难为情"的人,或许面对自己写的文本时,无法完全变成他人。

AP女士有教德国人英语的经验,对语言和文学很感兴趣。她听着我不牢靠的朗读,对内容感觉有趣的话,在身体上会反应出来。在大笑前的一瞬间,一股温暖的气息,呼地一下从胸腔溢出来。虽然她是准备享受内容的乐趣,我却掌握不住自己的节奏,有些段落显得急躁。而且,AP女士感觉到我的吃力,陪我一起难受,这一点我能清楚地感知。一边感觉着听者和朗读者之间不断发生的化学反应,一边朗读,确实很辛苦,可如果忽视这些,又不成其为朗读了。

一月三十一日

我洗头发的时候,右手食指的倒刺很疼。"ささくれ(倒刺,sasakure)"这个词,听起来很美,却很疼。这时,我想起一个已经忘记了40多年的工具的存在。这物件好像是将塑料梳子弯成环形而成,洗头发时使用的。使用这东西,就不用将自己的手弄成妖怪爪子的形状来抓头皮了。如此便利的物品,如果作为昭和时代的幻影,就那样销声匿迹了,实在有些遗憾。糟糕的是,我想不出它的名字来。我甚至想不起它到底有没有名字。于是，我试着查阅《那是什么？大百科辞典》。这部百科辞典告诉我们，"自动扶梯踏板上的锯齿形状"叫作"栉板"，"金鱼形状的小酱油瓶"叫作"滴瓶"，"挂在相扑力士兜裆布上绳帘一样的东西"叫作"穗头"等等，还附有插图。日常生活中经常打交道，却不知道名称的事物意外地多。即便如此也没感觉不方便，实在有些不可思议。不知名称的物件，在我的小说里就不会登场。只因为我不知道名称，就被拒绝进入我的小说，对那个物件来说太不公平了，难道不是吗？

我小的时候，早晨醒来，"ふくらはぎ（腿肚子）"有时会"つる（抽筋）"。因为我只知道"足がつる（腿抽筋）"这一种说法，所以小时候就这么叫，但是实际上，抽筋的不是腿，而是腿肚子。有"こむらがえり（腿肚子抽筋）"这样的单词，我是很久以后才知道的，我被它骇人的响声迷倒了。"ふくらはぎ"和"おはぎ（小腿）"一样，是松软、温和的词语，但是一听到"こむらがえり"，就不由得感觉好像乘上了开往"狐精附体"方向的有轨电车。

腿抽筋一定是在夏天，我移居德国后，因为热带夜（最低气温在25摄氏度以上的夜晚）很少，我就不再抽筋了。不过，德国北部难得也会有闷热的夏天造访，因此久违的"こむらがえり"又复发了。我和人讲起这事，在那儿居住的德国人异口同声地说，多摄取镁就不会抽筋了。好像是镁随汗水一起流失，就会小腿抽筋。"Magnesium（镁）"这个单词在德语里很调和，没有不协调的感觉。日语的"こむらがえり"是非常古老的词语，和"镁"这样的单词相逢，似乎相当震惊。

我一查《岩波古语辞典》，好像小腿肚子以前称为腓（こむら），从《古事记》歌谣中引用来的，"手腓に虻かき着き（手臂内侧叮着一只牛虻）"这一段，让我感受到了紧咬住肌肉柔软部分不放的、强烈的表现力。

二月上

二月一日

我醒来。过了一会儿，闹钟在响。我打开收音机。煮上咖啡。打开电脑。洗脸。然后，我把昨天写的诗重读了一遍。写到这里，我觉察到了。前六个句子是用现在时写的，第七个则是过去时。并非因为只有第七个行为是在过去发生的才这样做。而是通过改变时态，使一连串连续的动作在第七个行为上停顿一下，并且把聚光灯照在上面。

这回我试着把时态反过来。我醒了。过了一会儿，闹钟响了。我打开了收音机。煮上了咖啡。打开了电脑。洗了把脸。然后，我把昨天写的诗重读一遍。这么写，意思也没有变化。聚光灯照在第七个行为上面的感觉也没变。只是光线的颜色有所不同。

在德语里，一般不通过时态的改变来代替聚光灯的作用。在另起一段时，虽然也可以改变时态，但基本上，德语会设想好客观的时间，如果是用过去时开始叙述的，那么除非是现在仍在继续的一般事实这种例外的情况，通常是不会突然变为现在时的。所谓现在仍在继续的一般事实，举例来说，就像"月亮比太阳小"这样的事情。因为故事是以过去时进行的，就写成"月は太阳より小さかった（意思仍是月亮比太阳小，但是过去时）"的话，有时会招致德国人的抢白，"现在月亮比太阳大吗？"过去时含有"现今不是这样"的意思。可是，若问"月は太阳より小さかった"这样的句子在德语里绝对是错误的吗，也不能这么说死了。例如，作品中的人们是那么感觉的（和我们现在的知识无关），这种语感比较强烈的时候，那样写也未尝不可。小说的语言是复杂的，所以我想避开一般论。此外，德语本身也有着每天都在变化的历史，出版社的校对员感觉"别扭"或"站不住脚"，想要纠正的表达法，30年后说不定会变得理所当然。

不过，日语和德语时态的感觉完全不同，这一点是确切无疑的。

二月二日

从昨天起,我来到莱宁修道院的研修屋。莱宁的拼写为 Lehnin,去掉 h 就成了"Lenin(列宁)",但这块土地除了曾经属于前东德以外,和列宁没有一点儿关系。

莱宁修道院位于波茨坦市西南部,修建于 12 世纪,从柏林开车去只需 40 分钟。小湖对岸建有再生利用的木材建造的住宿设施以及带有会议室的青年旅社,背后是一大片森林,环境十分清幽。

写到这里,发觉自己的文体既不是日记,也不是小说,而是有点像旅游指南了。旅游指南这种体裁,我不知不觉间读过很多,也许因此无形中受了它的影响。作为一种体裁的旅游指南,其特色和局限恐怕在于,它要写得让读过的人想去那个地方。

晚上,我读了《群像》杂志 2012 年 11 月号,上面有穗村弘[1]、鸿巢友季子[2]、福永信[3]搞的特辑

---

[1] 穗村弘(1962 年 5 月 21 日—),日本和歌诗人。
[2] 鸿巢友季子(1963 年 7 月 15 日—),日本翻译家、散文家。
[3] 福永信(1972 年—),日本小说家。

"群像的文体练习",非常有意思。将日常生活中不自觉接触的文体,有意识地再现出来,我想这是很难的吧。然而,对于鸿巢女士来说,这好像不是那么困难的技能,无论是家庭主妇博客式的文体,或是快餐店"年轻兼职员工使用的敬语",她都能自由地驾驭,另外,连乔伊斯的《尤利西斯》中莫莉·布卢姆的回忆式文体,还有坪内逍遥[1]翻译莎士比亚的本土化文体,这类翻译层面的高难度技巧,她都能运用自如。"实际上,我在快餐店听到年轻的兼职员工使用的敬语,是不太舒服的,但鸿巢女士故意创作的快餐店敬语式文体,不知是否是和现实有差距的原因,我能悠然把它拿来,当作有趣的东西来读。"穗村先生发言说。我深以为然。不过,我已经超越"悠然把它拿来,当作有趣的东西来读"的程度,我是放声大笑了。

文体和内容之间,应该时常有偏差,戏仿作品便是其极端的形式吧。就小说而言,即使实际上没有偏差,我想,偏差也应该以意识的形式,存在于

---

[1] 坪内逍遥(1859—1935),日本小说家、戏剧家、翻译家、文学评论家。

二者之间。

尽管如此,翻译家和小说家之间,我想多少还是有些不同。翻译家当中,有很多人能够对各种各样的文体运用自如,再根据翻译的作品,选择一种文体。就小说家而言,即使他知道各种各样的文体,也不能把它当成工具来选择。文体擅自闯进来,而且有时候写着写着,文体还会狂暴起来。在本期特辑中也是,似乎应当对文体最有思考的福永先生,却说自己对文体从未考虑过,他这话耐人寻味,也可以理解。

二月三日

我想多半是哪位艺术家留下的作品吧,莱宁修道院研修屋前放着一把巨大的木椅子。背后是湖,周围没有任何其他东西,从远处看无法判断椅子的大小。人往椅子旁一站,不可思议的是,看上去不是椅子大,而是站的人变成了侏儒。

我决定在这把椅子前照张相。因为我想起了一个人托我办的事情,他正在搞一个奇妙的项目。每个人自己制作"诗歌中心"这样的门牌,固定在各种各样的建筑物上,然后在这幢建筑物前留影。这样的照片大量汇集起来时，整个城市的建筑物看起来都是诗歌中心了吧。文化预算不断削减，人们能围绕文学聚集的场所越来越少，为了提出抗议，想出的这种尝试不也是很有意思的吗？我以轻松的心情答应了。因为他说过，变身为诗歌中心的即使是不相称的建筑，也很有趣，所以我把研修屋院内的库房和咖啡馆都当作"诗歌中心"，固定好自制门牌，请朋友给我留影，我又忽然想到，将这把大椅子当成诗歌中心如何，于是也在这儿照了张相。只是无法很好地固定门牌，只好拿在手里。

我一回到柏林的家里，就收到 MU 女士——从高中时代起我们便是朋友——的电子邮件，标题是"祝贺你获得文学奖"。邮件上写着，"V（我丈夫）说，叶子又搞出了什么花样来，真让人为难啊。他是祝贺你的意思。"我一读邮件，心情豁然开朗。我这位朋友的丈夫 V 是捷克人，我想要是日语里也有这种幽默感就好了。

语言这种东西，不是用一根绳子操纵的东西。一边说着"恭喜恭喜"，一边还不如说仅仅传达着自己幻梦破灭的苦涩，既有很多这样的人，也有另外一种人，能够嘴里说着"又搞出了什么花样来，真让人为难啊",却一边向以出人头地为第一宗旨的社会投去讽刺的目光,一边向友人传达开朗的祝贺。

虽然都说率直地表达自己的心意就行了,但做起来很难。首先,语言并非率直的,语言和内心压根儿就是不同的生物,联结二者的直线,也根本不存在。只听到过"好样的"和"加油"的孩子,如果被置于一无是处、完全无法加油的状态下,他该如何是好呢?

曾经有一次,说过的话被人做出说话者本人意想不到的解释。因为这件事而受伤,由此沉默不语的人有之。为了哪怕稍微减少这样的弊病,我想向年轻的一代再三地传达,语言中不存在所谓"字面意思"这样绝对安全的立足点,即便如此语言却具有无限的可能性。孩子考试拿了 100 分回来,父母对他说,"下次考试分数增加的可能性没了,真可悲啊。"说的时候,如果能咧嘴一笑,孩子可能就会稍稍理解到,语言不是为了传达字面的意思而存在的。女儿说"别人说我是美人",并为此而沾沾自喜时,父母对她说,"你为这种事情而高兴?即使是丑女,如果脸长得好看,别人也会那么说吧。"这样一来,她就会明白,大家都使用的概念也不等于现实。因为语言不是为了让你紧紧倚靠的墙壁，而是为了让你发现，你以为是墙壁的东西，其实是雾气。

二月四日

我梦见参加作家会议。坐在我旁边的女作家，不知为什么，开始用泛起泡沫的洗发香波给我洗头。主持人已经开始介绍她，不到一分钟她就得发言了，可她还是不慌不忙地给我洗着头。满头洗发液泡沫的我，无法提出反对，也无法理解为什么会这个样子，困惑不已。

我一说起这个事情，熟人 HL 先生问我，你知道"jemandem den Kopf waschen（给某人洗头）"这个成语吗？我不知道。好像意思是，此前没有明说的事情，现在面对面讲出来。为我洗头的女作家，头脑非常敏锐，阅历很深，心思有条不紊，为人光明正大，从不说人坏话。说不定正因为如此，我才在潜意识里害怕，有朝一日她会不会突然把我的缺点明确地用语言表达出来？我的理智之手达不到的地方，潜意识和成语擅自携手，形成了梦境。

话虽如此，我对"被某人洗头"这个成语没有感应。想象"头屑"象征"主观成见",别人替你洗掉它,这样就成了吗?

"头"在德语里称为"Kopf",可是因为有那样的成语存在,仅凭这一点,"头"和"Kopf"两个单词就不是等价的。

给人感觉更不可思议的有"sich einen Kopf machen"这个成语,本身不能直译,勉强为之的话,就成了"给自己干/做一个头",它的意思是"闷闷不乐,焦躁不安,琢磨没有必要的事情"。如果是有必要琢磨的事情,那么不用"Kopf",而是用"Gedanken(思考)"一词,变成"sich einen Gedanken machen"。也就是说,应该是思考的"器官"的头,不能变为思考的"内容",我是这么理解的。

在批评创意虽好、实践没有跟上的演出时,就说那是"Kopfgeburt(从脑袋生出来的东西)"。掌管智慧和战争的雅典娜女神,不是从母亲的肚子,而是从父亲宙斯的脑袋生出的。据说,当时宙斯头疼得要命,请人劈开脑袋一看,女儿雅典娜诞生了。

二月五日

将我的好几部作品从日语译成英语的满谷·玛格丽特女士，虽然出生在美国，却已经在日本生活过很长时间，除了在大学里教授樋口一叶[1]，还出席俳句[2]聚会，称得上是位日语高手。她一直寄给我的俳句同人杂志《らん》今天到了。这次的俳句会由她出题，题目是"开"。我读着里面的俳句，发现日语的"开"这个字有多种多样的意象，得到了多种多样的展开。展开这个词里也包含了"开"，这一瞬间仿佛某个表面打开，另外的东西显现，真是充满魅力。满谷女士关注于汉字，写下了"門が開く間に月が日に代わりけり（门打开的当儿，月竟然变为日了）[3]"这样的诗句。

"けり"这样的助动词从日语里消失了，真是万分遗憾。根据《岩波古语辞典》，"けり"的意思

---

[1] 樋口一叶（原名　口夏子，1872年5月2日—1896年11月23日），19世纪日本优秀女作家，日本近代批判现实主义文学早期开拓者之一。

[2] 俳句是日本的一种古典短诗，由十七字音组成。

[3] 在日语里，閒是間的旧字体。日本旧字体是指日本于1946年公布《当用汉字表》以前所惯用的汉字。而《当用汉字表》颁布以后所包含的简化的汉字，也就是日本新字体。

是,"注意到原来是那样的事态",还详细说明道,"经常包含了这样一种惊奇感,即没注意到的事情,或记忆中没有的事情出现在眼前,或听到耳朵里,因此,'けり'有时候也被认为是感叹助动词。不过,因为'けり'是在发现漏看的事实,或刷新对事情的印象时使用,所以也在把不知道的事情、传说、口传,不问其真伪,当作传闻来表达时使用。"起了这么重要作用的助动词,不可能从日语里消失。现在的日语是如何表达的呢?相当于"けりって助動詞だったんだー(けり原来是助动词)"中的"だったんだー(原来是)"吗?(顺便说一下,这里的"だった"并非因为它是过去发生的事,才使用过去时的。而是表示惊奇的过去时。)不过,"だったんだー"在俳句里无法使用。"もしかして、けりって助動詞?!(难不成けり是助动词)"的"もしかして(难不成)"虽然不是助动词,但它表达出了"けり"那样的心境。"どうやら~ということらしい(总觉得似乎是……)"的惊奇程度虽然较低,但也能表达类似的心境。可是,这个词组也太长。"けり"只有两个字,却表达了那么丰富的心境。

二月六日

今年,我用德语写的剧本将要结集出版。包括1993年以来我写的13部作品,其中几部曾作为配合首演的小册子出版过,但不是特别畅销,所以决定与其一一再版,不如汇总到一本书中。

从1987年起,我用德语写的作品,一直由"孔克尔斯(Konkursbuch)"这家位于图宾根市的小出版社出版,该社名称翻译为日语的话,则是"破産書籍出版社"(破产书籍出版社)。经营该出版社的克劳迪娅·盖尔克女士本周因为工作关系来到柏林,于是我们共进晚餐。

我们去的那家餐厅,菜单上写着"维也纳炸牛排。配有微温的土豆色拉",克劳迪娅见此,说"微温"这个形容词勾起了她的食欲。可以译为"微温"或"微暖"的"lauwarm"这一形容词,经常作为"没有热情"或"不太积极"等贬义使用。可是,在我的记忆中,曾经在奥地利的一户农家吃过一顿美味,那既不是烫乎乎的土豆,也不是冰凉的土豆色拉,恰恰是温热的土豆色拉。没有其他意思相同的形容词,仅有的一个形容词又是贬义的,这岂不是很不方便吗?"微温的"虽然不如"腐烂的"贬义那么强,但是听起来,有原本应该是热的东西,现在却变冷了的意思。微温的浓汤比滚烫的更美味,然而,哪位厨师长有勇气在日语菜单上写出"微温的浓汤"呢?

我和克劳迪娅也聊起了错译的话题。因为很有趣,所以我很喜欢错译这一话题,不过,有些错译却不能一笑了之。克劳迪娅最近出的一本书,有关加那利群岛[1]的帕尔岛,有一个部分是向岛上的老人请教药草的事情,在将某种药草名称从西班牙语翻译成德语的时候,发生了错译。读者如果煎了这种药草喝下去,就会丧命,该错译的危害竟有如此之甚。幸好在校对的阶段发现了这一错误,得以纠正。我想起了"薬草を訳そう"这一双关语[2],可是,克劳迪娅不会日语,我要是边解释边说就太没劲了,于是最终没有跟她说。虽然不是什么值得保存的双关语,可我姑且把它记在日记里。

---

[1] 加那利群岛是西班牙飞地和自由港。位于非洲西北部的大西洋上,非洲大陆西北岸外火山群岛。

[2] "薬草を訳そう",意思是"翻译药草",诙谐之处在于,"薬草"和"訳そう"的发音相同,都是 yakusou。

二月七日

我家附近新开了一家寿司店，我在互联网上浏览其菜单，有一重大发现。菜单当然是用德语写的，但作为装饰，"前菜（冷盘）"、"寿司（寿司）"等等的日语词镶嵌其间。日本文字经常像是图案或插图一样被人拿来使用。可是，不知为什么，嵌入的单词里竟然有"ニッポン放送（日本广播公司）"。这究竟是什么意思呢？"前菜""寿司""ニッポン放送"这3个单词的共通点是什么呢？简直像猜谜语。我左思右想，终于有了答案。制作这张菜单的人不会日语。日本人开的寿司店在德国毋宁说是相当罕见的，所以不会日语也没什么奇怪。（我不认为开寿司店的非日本人不可。正如创作德国文学的不是德国人也行一样。）总之，虽然我不知道这份菜单是寿司店老板自己设计的，还是请平面设计师搞的，但制作的人确实是一点儿日语也不会。尽管如此，他想，只要使用在线辞典，装饰用的日本文字总会找得到吧。键入"Sushi（日语"寿司"的读音）"，不是出来"寿司"了吗？然后，键入"Temaki（日语"手卷き"，即手卷寿司的读音)",出来了"手巻き"。到目前为止,一切顺利。接着,键入"细卷き(细卷紫菜寿司)"的"細(Hoso)"的罗马字母,出来了"放送(广播)"这样的汉字,而且作为示例,还给出了"ニッポン放送"。于是,他就原样复制粘贴,难道不是吗?不过这些完全是我的推理,但我想不出其他还有什么可以将"细卷き"和"ニッポン放送"联系在一起的线索。

感觉即使不会某种语言,也能使用在线辞典或翻译机。然而不懂还是可怕的,有时候会犯下意想不到的错误。今天清晨我又在搞那本小说,其中有描写马戏团"練習(练习)"和"本番(正式表演)"的场面,然而我找不出和"本番"完全吻合的德语单词,于是试着查询电子词典内的《三省堂新编简明日德辞典》,其中没有收载"本番"这个词。然后我又查别人从前送我的三修社《现代日德辞典》,里面收录了"die [wirkliche] Aufführung"这一德语解释。直译过来,就是"正式的表演"。虽然长,意思却含糊,表现力也弱。"那么非正式的表演是什么呢?"可能会有人故意找碴吧。我用德语写作,简直像表演漫才[1],找碴的不断来插嘴。本来是作者的我,不知为什么,总是扮演装傻角色。"非正式的表演是什么呢?"对方这么来找碴,我若回答"是练习"的话,他又会反驳,"练习压根儿就不是表演吧"。

我又试着用在线日德辞典查询"本番",收录的仍是"正式的表演",然而,没有任何说明,没头没脑的,与之并排还写着"Geschlechtsverkehr"。这词是"性交"的意思,所以我不禁一惊,然而的确,垃圾邮件里"本番"(动真格的)大都是以这个意思在使用的。从统计学上看,现在的日本,这个词作为这个意思使用可能反而更多。不会日语的人,看到日本广播公司播音室的门上挂着"本番中。静かに!(正式广播中。请安静!)"的牌子,慌忙用在线辞典查询解释,结果误解为"性交中。请安静!",这种可能性不是没有。

---

[1] 漫才是日本的一种站台喜剧形式,类似中国的对口相声。漫才通常由两人组合演出,一人负责担任较严肃的找碴角色(ツッコミ),另一人则负责滑稽的装傻角色(ボケ),两人以极快的速度互相讲述笑话。

二月八日

最近,德国的教育部长安妮特·沙范(Annette Schavan)女士,其博士论文剽窃问题,被媒体炒得沸沸扬扬,杜塞尔多夫大学审查后,决定取消其博士称号。沙范部长属保守派,据称还是默克尔总理的密友,《Süddeutsche Zeitung》(《南德日报》)悠闲自得地写道,"取消博士称号做得过头。让她继续担任学术和教育部门的部长,有些为难,但是去别的部门应该没有问题,难道不是吗?"另外一边,在互联网上,"国民"的愤怒却是漫天飞舞。以前也有过类似的事件,也有政治家因此而下台。甚至有专门的网站调查政治家的博士论文,检举其剽窃行为。

该网站上写着,沙范部长的博士论文,三成是私自盗用别人的思想。如果是引用就不算罪过,特意把句子改写,变成自己的东西,则成为剽窃。引用要轻松得多,为什么要改写后再盗用呢,我觉得有些不可思议,于是,查看了检举剽窃网站上几个具体的例子。其中一个例子不能置之不理。

原文是汉娜·阿伦特[1]的《Vita activa 或行动的

---

[1] 汉娜·阿伦特(Hannah Arendt, 1906年10月14日—1975年12月4日),在德国出生,后流亡到美国的犹太人哲学家、思想家。

人生》(1960年)中的一个句子,"归根结底,行动是——只要它有益于政治共同体的设立和维持——世代、记忆以及历史继续存在的条件。"在沙范部长的博士论文里,改写为"归根结底,通过政治共同体的设立和维持,人类的行动成为世代和历史继续存在的条件"。出现的单词大体相同,两个句子的意思却大相径庭,不禁让我愕然。

原文中"行动"放在句首,得到"schließlich(归根结底)"的支撑和强调,简而言之,"行动是重要的"这一信息推到了前面,然后继续论述道,当然不是说,只要是行动都是好的。可是,在沙范部长的句子里,给人一个印象,那就是放在句首的"政治共同体的设立和维持"是最重要的,"归根结底"放置的位置也起到相同的作用。结果,后面出现的"行动"显得不够劲儿,读者无法领会到,"行动"是作为与"观照"对比的、一个重大的主题来探讨的,而且,由于"记忆"这一词语遗漏了,"世代和历史"仿佛要唤起这样一个意象,即祖国的历史是既没有过错,也没有裂缝,持续存在的。只加入"记忆"这一个单词,就让人联想起战争的记忆,杀害其他民族的记忆,被迫害的记忆。

根据这样的上下文关系,即使听到"世代"一词,也会浮想起世代间的斗争和断裂,以及将战争的记忆从一个世代传达给下一世代的困难。

我虽然知道会成为幼稚而拙劣的戏仿文,但我斗胆将沙范部长的句子,按我自己的话改写一下,则成了"为了我党长存而采取的行动,能确保我们优良传统的祖国——德国——拥有坚实的未来"。这样的话,汉娜·阿伦特太可怜了。内容和原文完全不同,所以它并不是盗用思想,而是盗用单词。比起盗用,我更想追究她歪曲的责任。

她为何这么做,对我来说完全是个谜。与其这么辛苦地盗用,还不如引用,或是记录自己的思想,这样要轻松得多。她是想盗用,但自己思想的地基过于保守,所以无法完全盗用吗?还是不光想盗用,还要让将来读汉娜·阿伦特的人,有可能因为这段歪曲的文章,无法领会原文的意思,从而达到一石二鸟的目的呢?

话虽如此,仅仅改变句子的结构,去掉一个单词,意思就有那么大的变化吗,一想到这儿,在世上哪怕发表一个句子也让人战战兢兢了。

二月九日

螺旋馆剧团的人来我家里玩。说是玩，因为我们主要的游戏是戏剧，所以自然地谈到了下一个演出项目。螺旋馆的人在日本和德国两地开展活动，前些天刚从日本回到德国。他们谈到，即使说同样的台词，在日本的反应也截然不同。说着说着，我的脑海中浮现出一些希望他们在日本舞台上说的台词。直来直去的话语。谈话的片断。传不到大多数人、福岛县人耳朵里的谈话。我想写一部新的话剧。我希望他们一定把它搬上日本的舞台。我不知道它会不会是一部典型的戏剧。也许朗读剧的形式更好。近几年来，螺旋馆每年一度在柏林的"布莱希特剧院"上演朗读剧，创造了一种独特的形式。

除了戏剧，关于朗读，我也时常地思考。比起演讲，我更乐意朗读。理由为，如果是演讲，那么我与观众之间的日常性社会关系就会原封不动保持在那里。我时而要感谢，"嗯，各位在大热天特意光临，实在感激"，时而要表示谦逊，"嗯，关于这方面，我其实是个门外汉"，时而要未焚徙薪，"嗯，像我这样的人，谈这样的事情，不知道合不合适"，总之，麻烦得很。我作为作家发言的时候，不想被这样日常形态的关系束缚,而是想投出一记直线球。因为这个原因,有时候比起演讲,"社会性自我"不介入其中的朗读更好。

二月十日

出发前往漂浮在北海之上的叙尔特岛。这个岛,我每年都要去几回。说是"漂浮在"北海之上的岛,和陆地却有浅滩堤坝相连,堤坝上还有铁路,所以不用乘船,从柏林坐直通列车即可抵达。

柏林和汉堡之间一片白雪皑皑,但是在石勒苏益格—荷尔斯泰因地区,向着大海的方向一路北上,渐渐变为受暖流影响的海洋性气候。

我在列车上阅读《柳宗悦茶道论集》[1]一书。"茶道随想"一章中的第一段,"見(看)"这个字重复达 20 次,真是相当执拗的文体。虽然执拗,但也巧妙。"他们看见了。不管三七二十一,首先看见了。能够看见。一切的不可思议从这一泉眼涌出。(另起一行)无论是谁都在看东西。然而,不是所有人看的方式都相同。因此看见的东西不同。

---

[1] 柳宗悦(1889—1961),日本哲学家、美学家。

在这里,见解的深浅产生了,所见之物也分为正确和错误。即使看了,但如果看错了,就等于没看。虽说谁都看东西,但真正看得见东西的人有多少呢?"这样的行文还在继续。重复了 20 遍"見る(看)"之后,以一句"茶人是眼力的茶人"戛然而止。技巧过于明显,有点儿让人不好意思。

钢琴家高濑亚纪曾经说过,贝多芬第五交响曲将开头展示的、四个音符组成的短小主题无限展开,真是天才。柳宗悦在这里,也通过重复"見"这个字,创造了一种文体。"看见"确实是他的主题,他让读者的目光一刻也不离开那里,这种手法既漂亮,又让人心烦。

不是单纯地重复,而是不断变化,造成步步紧逼的印象。上下句的关系,时而是深入一步,时而是前后对比,时而是将视线挪开一点,叙述由此产生的结果,总之各种各样。不是"他看天空,看云彩,看山,又看树"这样相同样式的重复。在"看'喜左卫门井户[1]'"一章第六段的开头,"然而,这

---

[1] 喜左卫门井户,日本八大国宝级茶碗之一。代表了"闲寂茶道"的最高峰。

就是好。因此如此才好,所以如此就好"[1],也是在意思的程度逐渐增强,同时重复同一个旋律的期间,意思发生了变化,这种文体宛如在描述,他对某件事思考的当儿,信心渐渐涌起的过程,但它的形式过于整齐,所以好似标语,我不免有些担心,这样进行下去,不会变成空洞的宣传吗?

文体是形式,茶道也是形式,我假设二者之间有这样的共通点,继续读下去。对形式超越必然、夸张的茶道,柳宗悦并不以为然,他在"'茶'之病"一章中说,与本来的必然性相结合是很重要的。把这放到文章上来讲就是,从某种必然性产生的文体无论多么美,要是将这一文体当成模式来学习,以期在适合的地方使用并发挥效果,那就不自然了。

二月十一日

天气晴朗值得庆幸,可是寒风劲吹,像是要扎透腿骨,冷得让人感到疼痛。我用围巾把嘴巴遮起

---

[1] 柳宗悦:《民艺四十年》,石建中译,2011,广西师范大学出版社。

来,毛线帽子上再戴上防寒服的兜帽,脸还是冷得不行。看来,如果不像因纽特人那样在兜帽边缘缝一圈毛皮,终究也还是"保护不了脸"啊。在这样的场合,我若写"保护身体不受寒冷侵害",由于这一表达法太常用了,反而让人感受不到其冷了。我若写"保护脸",不仅呈现了一种具体性,即"假如不真的保护脸,那就会冷"的实感,而且好像还听到了意思稍稍有些偏离的成语,这样的不谐和音也属有趣。

最近,在我受某大学杂志之托写的一篇文章当中,有这样一段,"一位在普通高中任教、视觉有障碍的高中老师,对她遭遇的各种各样的'事件',我是感觉着巨大的疼痛来阅读的。"在校对阶段,编辑来问我,"感觉着巨大的疼痛阅读"这种表达法不太容易理解,所以改为"心痛"如何。我只有苦笑。"心痛"这种表达法,因为使用过多,所以不太能够向身体传达疼痛。这位"视觉有障碍的高中老师"是我学生时代的朋友,所以我阅读的时候,确实是感觉到疼痛的。

某种表达法被频繁使用的话,它就会离身体而去。这种时候就只有错开一点位置。为了让"疼痛"一瞬间从语言当中传达到语言之外的身体，我毫不造作地（無造作）花费一下心思，得到的就是"感觉着巨大的疼痛来阅读"这一表达法。有点像残次商品，然而这意味着，疼痛瞬间打碎了现成语言的一角，不去修复这残缺的部分，保持其原样。

我从昨天开始读的柳宗悦的书里，有这样一段。"所谓'闲寂'是什么？《禅茶录》里说，所谓'闲寂'，就是'事物不充足的样子'。看到这一说明，充分让人联想起'井户茶碗'的身姿。这是毫不造作、浑然天成的杂器之一。寻求'充足之态'而制作，并没有这样的机缘。粗手粗脚地拉坯，上釉，烧制。这东西丝毫不是有意寻求'充足'，小心翼翼制造的。因此，与完美之形相距甚远。然而再一想，它也可说是不受完美束缚的制作方法。这种解放自然而然地以'事物不充足的样子'，即'闲寂'的姿态出现。我们称之为'不完全的美'也行。这是茶器的性格。不过，它不是最初就追求不完全的。它只是最终成了那个样子。所以，它甚至超越了完全和不完全的区别。在这种判断的对立发生之前，它已经制作好了。因此，自然而然地摆脱了完美，获得了自由。"

二月十二日

海鸥双腿浸泡在海水中站立。它相当地肥胖。寒冷的天气里,肥胖恐怕更合适吧。我第一次听到"肥えている(肥胖,肥沃)"这个词是上小学的时候,父母带我去岐阜县父亲的乡下老家,我虽然年纪尚幼,可是从奶奶使用的"肥えている"这一表达法,感觉其中包含着某种对"ふくよかさ(丰腴)"或"肉付きのよさ(圆润)"这些特质肯定的心情,而这些特质原本在都市工业文化中常常被否定。"肥"和"肥料"相关联,土地肥沃,农作物茁壮成长,牛羊肥壮,因此自然是好事。

电子词典上载有"游戏是技艺的肥料"这一例句,为了让文章不消瘦,肥料是必要的吧。不是将学习,而是将游戏作为技艺的肥料,是这句话的亮点,比如像粪尿这样,平时被大家看不起的东西,被认为是没用的东西,结果却成了肥料。文学的语言以什么为肥料呢?

几年前,在柏林国际电影节上,我观看了一部有趣的日本电影,名称为《川の底からこんにちは》(《从河底问好》)。影片开头是一位年轻女性在

东京的美容诊所,定期请人用吸尘器一样的仪器,去除肠内积留的东西。这是处理在都市只具有否定意义的"粪"。在公司,只因为她是女性就遭受上司非人的待遇,痛苦之极。这位女性回到故乡后,吧唧吧唧掏出贮粪池的大粪,挑去洒在田里,这一场景也令人印象深刻。她的恋人是在城市长大的,见此情形,起初有些畏缩,但是不久,受压制的粪尿的力量从底层升起,让当地濒于破产的企业重整旗鼓,大获成功,影片达到高潮。是一部通过粪尿肥料的滋养,从而内容丰沃、具有幽默感的作品。

二月十三日

有一种说法是,叙尔特岛的"Sylt"这一名称来自"Seeland(海之国)"。如果说新西兰是新的海之国,那么这里就是古老的海之国吗?岛整体的形状像一位单腿站立的舞女。我居住的是其中最狭窄的地方,东边西边都是大海。越过旅馆后面的沙丘是大海,越过对面的公路还是大海,外海波涛汹涌,内海平静安详,满是浮冰。

用日语写的小说,自己把它弄成德语,此前还一次都没有过。如果是一开头就用德语写小说的话没问题，可小说一旦用日语写成，颇不容易变成德语哩。相反，把像《变形用的鸦片》或是《波尔多的内兄》这样用德语写的东西弄成日语，同时扩展自己的日语，割舍自己与母语的亲昵和欺瞒，如此的尝试倒是有过几次。

我现在想弄成德语的是名为《雪的练习生》的小说。首先，开头部分就有令人非常为难的地方。我想让人不清楚那到底是人还是动物，就这样开始叙述故事，然而，在德语里，指称动物手脚和人的手脚的单词各不相同，因此别人一下就明白那是动物。动物的腿，特别是前腿，称为"Pfote"。这个单词不能用于人类。也不是绝对不能用，可要是用了，就带有戏谑的语气了。即便同样是哺乳动物，像马那样有蹄子的，单词又不一样。人的嘴和动物的嘴，单词也不同，分别是"Mund"和"Maul"。表示人脸的"Gesicht"这个单词，也不用于动物的脸。

我试着将人的手"Hand"和动物的手"Pfote"组合起来，自创一个单词"Pfotenhand"，可反复读的过程中，还是觉得不喜欢，最终，我决定使用指人手的单词。理由是，动物用人类的语言，并且以第一人称讲述自己的故事时，它称呼自己的手为"Pfote"的话，感觉有些奇怪。即便是熊，当它使用人类的语言时，它就属于人类语族。这和我使用德语时，不称自己的手为"手"，而是称为"Hand"，是同样的道理。

二月十四日

拥有电子书阅读器的人，把这玩意儿给我看。阅读器的主人据说喜欢读书，休假时一天要读一本。那么，休假两星期去海边的话，就要带14本书了。如此一来行李便不堪重负。电子书帮他解决了这个问题，他说完笑了。不过，在家里他好像还是只读纸质书的。如此说来，德国电子书的广告里，经常出现在海边看电子书的照片。

我也考虑过要不要买电子书阅读器，可一调查，发现自己想读的书九成以上都用电子书搞不到手。此外还有一个问题。著作权过期的作品，例如歌德的作品，虽然可以免费下载，但不注明是什么版本，也没有绝对页码，所以无法引用。另外，托尔斯泰的小说之类的，也可以免费下载，可是不写出译者名字。对于非常重视翻译者的我来说，这几乎属于轻微的违法行为。

我试着和朋友聊起这事儿，她说，俄罗斯古典文学的德语译本，使用的是很古老的译本，见到那些古色古香的表达法，有时候会让人忍俊不禁。我虽然喜欢古老的译本，但是只为了节约应该支付给译者的敬意和金钱，就让人阅读古老的译本，这种做法只能称之为怪诞。

二月十五日

转眼之间，我在叙尔特岛的逗留结束了。我搭出租车前往韦斯特兰火车站，那里甚至可以说是该岛的"首都"。我钻入计程车后，朋友挥手祝福我，"去日本的旅途愉快！"出租车驾驶员开玩笑地问道，"啊，一直开到日本去吗？""不，遗憾的是，我没那么多钞票乘出租车去日本，所以请带我去韦斯特兰火车站。"驾驶员开朗、健谈，说话有口音。我还没问他，他就自个儿告诉我，他来自科索沃。他说，先来德国的哥哥在这个岛上开办出租车公司，大获成功，于是他自己也过来工作，虽然存了一些钱，这里却是个无聊的地方，所以他实在不想干下去了，想趁着年轻享受人生。看上去，他不是能欣赏北海静谧的那种类型。他不停地重复"Spaß haben"。由"Spaß（乐趣）"和"haben（拥有）"组成的这个词语，相当于英语的"have fun"吧。认为"Spaß haben"或者与动词"machen（做）"组合的"Spaß machen"是人生中最重要的事，这种时代风潮，在我1982年来德国时已经存在，而且有愈演愈烈之势，但针对"Spaß-Gesellschaft（享乐型社会）"的批判也是由来已久。经常被人问到，"学校快乐吗？""工作快乐吗？"单单进展顺利还不合格，必须要"快乐"，有这种社会压力。我每次被这么问到的时候，都感觉困惑。"Spaß"是喝了酒在派对上跳舞，或是在海边与朋友一起玩耍时的心情。它不可能延伸到工作中或大学的学习中，我甚至不希望它延伸。

我回到柏林的自己家里，立刻上床睡觉。明天的旅行箱早已收拾好。只需转移一下牙刷等物品就万事俱备。

二月下

二月十六日

早晨,我乘地铁和公共汽车,前往柏林泰格尔机场。首先要飞往法兰克福。空中小姐推着放有饮料的手推车,巡回过来。在德语里,管不含气泡的水叫"stilles Wasser(安静的水)"。是因为没有扑哧扑哧的气泡声,所以称之为"安静的"吧。时常有人由此扯开去,将含气泡的水开玩笑地称为"lautes Wasser(吵闹的水)",现在飞机内,我后面座位上的人就说了,"给我吵闹的水",结果空中小姐对下一位乘客同样问道,"您也是吵闹的水吗?"就这样,有一阵子,这个词不绝于耳。这位空姐是个风趣的人,一名乘客要了番茄汁,接过之后,又要盐，这位空姐说道，"哎呀，抱歉。我怎么把盐忘了呢？我的大脑本来设置的程序是，一听到番茄汁，就自动连带提供胡椒盐的"，逗得乘客开心一笑。这么说起来，在日本，开玩笑或说俏皮话，逗乘客笑的空姐不太有。"我们公司的空姐在俏皮话上不输给任何公司！给您欢笑以及更多"，如果有这样的广告，我会选择这家航空公司的航班吧。

我在法兰克福换乘飞往东京的航班，机上有好些日本人，让我觉得好像一半已经到了日本。我旁边的人被问到要什么饮料，他回答说，"オレンジジュースで（要橘子汁）"，日本空姐重复了一声，"オレンジジュースで"，以便确认。这种"で"的用法，三十年前是没有的。[1] 其他比较新的表达法还有，什么也不喝的时候的就说"だいじょうぶです（不要紧）"。大概是不喝饮料也不会死，所以不劳空姐挂心也不要紧的意思吧，可我至今仍觉得这说法太夸张了。"您用砂糖吗？"这个表达法，我也不习惯。砂糖既不是工具也不是佣人。除了放在咖啡里没有别的用途，却特意说什么"用"，来确

---

[1] 这里的"で"应该是礼貌系词"です"的简略形式。

保有其他使用方法的可能性，实在奇怪。除了放入咖啡还有什么用途呢，我这么一开始琢磨，竟然相当刺激了我的空想力。最近，砂糖都是放入细长的袋子内，所以在飞机上看书时或许可以当书签用。或者，红葡萄酒不小心洒在衣服上时，把砂糖涂抹上去，防止产生污渍，说不定还有这种使用方法。

德语的话，会直截了当地问，"Möchten Sie Zucker？（您要砂糖吗？）"，但在日语里，用敬语问对方想不想"要"什么东西是非常困难的，"要"这件事本身，不管是指自己，还是指对方，都太不含蓄了。自己或对方想要什么东西，敬语里是要尽量间接提及的。可是很多时候，人们开口，就是为了说自己想要什么东西，或是想知道对方想要什么。这一矛盾如何解决呢？

还有一种情况，虽然不是关于敬语的，但我在日本曾经听到过，大学同学之类"身份"平等的人士之间为了注意别伤着对方，一边非常谨慎地模糊随处出现的自我，一边说话。我仔细一问，听说光是自己认为 A 是 B，这样地"断定"，就会给对方带来不愉快感。因此，在讲述自己意见的时候，要把自我撤回一些来说，这才符合礼仪。例如，你如果断言"春，曙为最"[1]，那么会被人认为态度过于强硬，于是写成，"虽然我有时候认为春毕竟还是曙为最，可是这么想的人肯定只有我一个人啊"，最后加上汗珠飞溅的笑脸符号。

既然自己是这么认为的，所以不必那么麻烦，直接断言"春，曙为最"就行了，难道不是吗？因为并没有强迫听者也持有相同的意见。

二月十七日

早晨，我抵达日本。从欧洲来的国际航班大多降落在成田机场。降落在羽田机场的航班，此前我好像还未乘过。密密麻麻的混凝土建筑，一直延伸到紧贴着海岸线的地方，可是大海没有丧失它童话故事般的蔚蓝。还能看见仿佛从美术明信片上剪下的富士山。东京无边无际，看不到终点。人口密度这么高，也能生活下去吗，我突然不安起来。

飞机有翅膀，所以羽田这个名称用于机场很合适，但是，把水田破坏掉建造的机场，为什么要称

---

[1] "春はあけぼの（春，曙为最，即春天的景色以黎明时为最好）"为《枕草子》冒首之句，也是传颂千古之名句。

作"形成水田"的"成田"呢?

联结羽田机场和浜松町的单轨电车站名,我很喜欢,曾经以此为内容写过诗歌。天空桥、整备场、昭和岛、流通中心、大井赛马场前、天王洲岛。无论哪个名称都刺激着我的想象力。我的脑海中浮现出冬季晴朗的天空,有一桥飞架,金属放出冷冷的光辉,昭和的气味化作了小岛渐渐远去,卷帘门打开,运输车源源不断流出,为了追赶这些车辆马儿们开始奔跑,还有天王图[1]这种不可思议的图画。

我回到国立市的父母家一看,妹妹已经来了,过了一会儿,她儿子也到了。"甥"这个字写作男旁加上生,"姪"这个字写作女旁加上至。吃过早饭,我翻开《朝日新闻》一瞧,有篇题为"あってはならない(绝不允许存在)"的报道。报道中写道,贫困是通过"某种生活状态'绝不允许存在'"这样的社会价值判断,才被"发现",然后强烈要求社会去解决的。如果是"なくてはならない"的话,用汉字可以写成"必须"(必须),可"あって

---

[1] 日语里"天王图"与"天王洲"同音。

はならない"用两个汉字来写，会是什么呢？我们说绝不允许贪污存在的时候，与其说是法律禁止该行为，还不如说道德不允许的色彩更为强烈。况且，贫困并不是由法律直接"禁止"的。"绝不允许存在"，不是禁止。它不是指法律禁止，而是指良心不允许吧。因为家贫，不能上大学，这种事绝不允许存在。这么一说，立即就能领会了。可是支持这种心情的法律在什么地方呢，试着去寻找，找到的是受教育的权利或禁止歧视贫困者等等间接的条文。绝不允许存在，如果没有人们的这种心情，那么也不会有法律方面的援助吧。"因为家庭环境的关系，孩子的才能无法发挥，这种事情绝不允许存在"，或者"只因为是女性，即使是优秀的人才也无法担任政治经济领域的领导职务，这种事情绝不允许存在"，我们或许应当像这样，更多地使用"绝不允许存在"这一词语才好。

二月十八日

读卖文学奖的颁奖仪式。总是提前来到目的地的我，这回也不例外，感觉无聊，在会场附近漫无目的地溜达。倒也很开心。日比谷公园一个人也没有，不禁让我惊奇，世界上还有这样空无一人的公园吗？当然，横穿公园而过的人是有的，可是没有坐在长椅上聊天的人、玩耍的孩子，以及遛狗的人。

颁奖仪式会场在帝国饭店。虽然有人说外国文学、外语现在不流行了，可是看看本次获奖者的名单，就会有一种印象，那就是和母语以外的语言直接接触的人士很多，比如论述陀思妥耶夫斯基的龟山郁夫，翻译拉伯雷《巨人传》的宫下志朗，韩裔日本电影导演梁英姬，著述题材广泛的随笔作家兼德国文学研究者池内纪等人。

二月十九日

昨晚颁奖典礼之后的宴会结束后，回到国立市的父母家，12点半总算睡着了，醒来一看，已是下午1点半了。因为时差的关系，身体上没有时间已经这么晚的真实感觉。连续睡了13个小时，虽然心情很好，可是我与人约好下午1点在本乡三丁目车站碰头，从2点起在东京大学与沼野充义先生对谈，因此焦急得要命。从国立市去本乡，再快也要一个小时以上。

"寝坊（睡懒觉）"里带个"お坊さん（和尚）"

的坊字，可僧侣是早睡早起的，为什么要说"寝坊"呢？我在中央线有轨电车中开始这么琢磨，情绪终于稳定下来。

"睡懒觉"用德语说，是表示睡觉的动词"schlafen"加一前缀"ver"，变成"verschlafen"。这个前缀很有意思。加在表示"写"的动词前面，则成了"verschreiben（写错）"。加在表示"读"的动词前面，则成为"sich verlesen"，意思是"读错"。（不过，"verschreiben"这个动词，也常作为医生开处方的意思来使用。）根据这一法则来思考，"verschlafen"就成了"睡错"，但睡的方法是不会错误的。我睡得很熟、很好。只是起床的时间错了。

幸好，对谈前预定有沼野充义先生20分钟左右的讲话，多亏他把讲话延长，一直到我来为止，因此，好像没人对我的迟到生太大的气。我和沼野充义先生对谈之后，在东大留学的韩国、罗马尼亚、中国学生，翻译家，理工科人士接二连三地提问，问题都很有趣。我看到大学成为可以谈论跨语言文学的场所，心情豁然开朗。

对各种问题，我根据各个场合尽可能给出了回答，可聚会结束之后，各种各样的问题交融在一起，让我继续思考语言与记忆的关系。例如今天，在我知道自己睡过头的瞬间，头脑中没有语言之类的东西，一片空白。只有在我和母亲讲起这事的瞬间，睡懒觉的事实才变为了我的母语。在有轨电车中，关于这事我又用德语和日语思考。然后我又对来到东大的人聊起这事，日语的故事性形成。可是晚上，我通过网络即时语音沟通工具 Skype 和德国朋友聊这事儿时，今天睡懒觉的事又被改写为德语故事。

"Zeitverschiebung"意思是时差，这一单词里也包含有 ver。将时间（Zeit）错开一下（verschieben）就成了时差；Verschieben（错开）还与 Verdichten（浓缩）并列，被弗洛伊德认为是梦的创造不可缺少的活动，对我来说，这二者则是文学创作不可或缺的活动。

过去发生的事，是像无声电影一样，没有经过语言记忆下来吗？还是记忆通常伴随着语言呢？我虽然不经常迟到，可时不时地梦见去参加自己的演讲或朗读时迟到。在梦中，我正要出门时，发觉自己忘带东西了。公共汽车姗姗来迟。乘错电车。找不到会场。演讲稿落在家里回去拿。我在梦里开门的时候,好像无论是日语的"ドア(门)",还是德语的"Tür(门)"都没去想。当时的焦急、迟缓、烦躁、郁郁不乐虽然是确实存在的,但是只要没有向谁传达的必要,或者说只要不写成文章,这些情绪就似乎没有形成语言。

二月二十日

我和在德国巴登巴登市广播电台工作的 SG 女士一起去横滨。她正在制作广播节目,准备在横滨港采访我。对特意去横滨港一趟有多大意义,我虽然抱着怀疑态度,可实际一去,效果挺好。视你当下所在的地方不同,你浮想起的事情,能回忆起的事情,想讲述的事情,都会发生变化。如果是在巴登巴登的录音室里录音,我想自己说的话会完全不一样。

我第一次走出日本国门是 19 岁的时候,当时正念早稻田大学文学部俄罗斯文学系二年级,我从横滨港乘船前往当时苏联的纳霍德卡港,如果算上铁路的延误,一共在西伯利亚铁路上晃荡了将近 200 个小时,抵达莫斯科,然后继续乘火车访问了波兰和东、西德。1979 年是学生背着帆布背包,乘飞机旅行的时代，可俄文系的学生更喜欢价格比较便宜，又能慢慢观察俄罗斯的西伯利亚铁路之旅。

联结横滨与纳霍德卡的客运航线听说始于1961年，最终于1992年废止。那一带的景象完全变了，可是当我站在波浪般起伏的散步用木制连廊最高处的瞬间，一个小小的记忆复苏了。就是这高度。当时，我乘上客船，从甲板俯视送行的人们，惊异于自己站的地方竟有那么高。我第一次发觉，船这种东西竟然像塔一样高。那不是含有"高"这种形容词的语言记忆，而是身体的记忆。

这么说起来，朝着前来送行的人们，从船上抛下五颜六色的纸带，这场面我也是头一次见，印象相当深，然而，这也不是伴随有语言的记忆。我没有看见纸带的瞬间，用日语称其为"テープ（纸带）"的记忆。1988年，我将这次旅行用德语写成短篇小说时，第一次遇到"Papierschlange（直译为纸的蛇，实为纸彩带）"这一德语单词，当时的景象和这个单词一起，在我的身体里获得了语言的场所。所谓"纸的蛇"不是文学比喻，而是人们真这么称呼纸彩带。日常的单词仿佛奇异的比喻表达法一样闪闪发光，这也是和外语打交道的魅力之一吧。

当时的西伯利亚铁路之旅是暑期的学生旅行，所以两个月后，我回到日本，继续大学的学业。然后，我从俄罗斯文学系毕业，1982年迁居德国。从那时起直到1988年用德语写作西伯利亚铁路之旅的事情之前，我围绕着"哪儿也不是的地方"写诗。1988年，通过写作那次旅行，我在心中又一次追溯当时的行程，通过写作，还可以再一次就赴德以来在德国的日常生活进行书写。我一边回答着采访，一边渐渐明白一件事情，那就是，在你关于一次旅行的创作完毕之前，旅行就没有完结。

采访在室外的长椅上进行。天空像涂了颜料似的一片蔚蓝，坐在周围的长椅上，人们享用着带来的便当。这似乎是哪个国家都会有的景象。一个小孩捡起别人遗落在地上的什么东西，说了句"何だこれは？"SG女士从前学过一点日语，她听见这句话，双眼放出光辉，重复说"ナンダコレハ？"她问我这句话什么意思，我告诉她，"ナンダコレハ"是"これは何だ（这是什么？）"的倒装疑问句。不过，"ナンダコレハ"不是中性的表达法，毋宁说经常用来表示带有责难意味的惊奇，所以举例来说吧，接受别人礼物时，你还是不要说"何だ、これは"为好,我跟她这么解释了一番。

二月二十一日

因为我平时很少有机会看日本的电视节目,所以一边吃午饭一边打开父母家的电视机,看到村上龙[1]先生作为嘉宾谈道,即使从泡沫经济破裂的时点来看,日本整体的产值还是增加的,然而年轻人的失业率居高不下,工资水平在低位徘徊。电视节目主持人作为采访者,对村上龙先生使用非常恭敬的说话方式,随后转移到下一个话题,村上先生家里养的牧羊犬的照片出现时,主持人刚说了个"是母的",慌忙改口说"是女的吗?",然后又改口说"是母的吗?"嘉宾的孩子要称呼"令郎或令爱",所以他有一瞬间感觉,称呼嘉宾的狗为"母的"有失礼貌吧。

二月二十二日

早晨,我从成田机场出发,经由法兰克福回到柏林。在飞机上,我读了石川巧先生的《"好的文

---

[1] 村上龙(1952年2月19日—),日本小说家,电影导演。

章"是什么?——应试作文·小论文的历史》一书。该书研究了从明治时代"作文"这种科目出现起,直到昭和时代大学入学考试的作文、小论文,出题者的期待是什么,评价的标准是什么,以及应考者一直以来又是如何应对的,非常有意思。

例如,我在日本参加大学入学考试的1978年,问题的形式大都是选择正确的答案,并用铅笔将圆圈涂黑,然而在国语课答卷的末尾,突然出现草稿纸的方格,要求写一篇"小论文"。我从前没考虑那么多,向来是怎么喜欢怎么写,但是据说,其实在这个小论文上,除了考察日语能力和逻辑思维能力以外,还期待考生发挥所谓的"创造力"。不过,作者指出,那当然不是因为日本的整体教育以"个性"为目标,而是针对机器阅卷答题纸这种极端无视个性的学力测试,为了"弥补其缺点",才设置小论文的。他这么一说,我想起来,在如此强迫人进行死记硬背式学习的日本应试文化当中,却经常听到"个性"啦、"独创性"啦这些词。我当时竟没有感觉不可思议,现如今则觉得那样的自己才有点不可思议呢。

希望年轻人写的文章里有"新意""自由""朝

气",这件事本身就是观念形态在作怪。听作者这么一说,我觉得的确言之有理。"个性"也是同样,不能将其目标化。我从未听说,卡夫卡努力让自己有个性。

我在汉堡大学就读时,潜意识里认定,必须写出有个性和独创性的研究报告来,所以我写的是其他学生写不出的、奇特的论文。托这一点的福,我才能开发出介于随笔与短篇小说之间的体裁,然而,这背后说不定出乎意料地有日本"应试战争"文化的影响,我一想到此,不知是该哭好,还是该笑好。在"应试战争"文化当中,个性受到压制。为此深感忧虑的教师们于是强调个性的重要性。大多数学生辜负了教师们的这番苦心,专心于死记硬背的学习,没有充分掌握赋予自己的思想以形式并表达出来的技术,就来到了社会上。另外,极少一部分学生则成为个性的模范。其中甚至出现了自己下意识地背负起要证明日本社会也有打破常规的艺术的职责,在国际舞台上大放异彩的人。

石川巧先生也写到了"感想文"这种体裁的历史。关于这一点我以前未曾思考过,所以一边佩服作者的见解,一边读下去。在德国,也有"记录感想"这种说法,但没有感想文这种体裁。如果从小学生的时代,老师对你说的不是"请写一篇感想文",而是"请写一篇文艺评论",那么你长大成人以后,对文艺评论这种体裁就不会有抵触感了,难道不是吗?

托时差的福,我今天早晨离开日本,下午就抵达了柏林。朋友开车来机场接我,我们一起去越南小吃店吃越南米粉,里面用油炸豆腐一样的东西代替牛肉,然后回家,提前上床睡觉。

二月二十三日

看着雪花缓缓飘落,我心里感觉安稳。我的前世说不定是只北极熊。我把以前读过的井上靖的小说《冰壁》重新拿来读。在德国,夏目漱石等人几乎不为人知,对井上靖的评价却相当高。我认识的文学爱好者及作家朋友,在文学上给予他很高的评价。我读这本书时,就像观看国际象棋的棋子移动一样兴奋,然而,每个棋子本身不改变角色或形状,不溶解变形,这让我感觉它不够十全十美。此外,在禁欲式文体的当中,突然出现一个流行歌曲似的段落,让人心里扑通一跳。例如,在小说中出场的最重要的女性馨子,关于她有这么一段。"这美丽纯洁的东西,这位姑娘现在想把它全部奉献给什么人。下意识当中,她想让什么人玷污它。"

我发现一件有趣的事情。热爱大自然的两位青年都在山中丧生,而娶了为两人所爱的美那子为妻的老人,对任何事都不为所动,得享天年。对大自然之类的东西丝毫不热爱的这位老人,经常参加"原子能研究委员会"或是"原子能产业研究会议"。他的激情没有投向年轻的妻子,而常常投向原子能。您有原子能这种梦想,真令人羡慕。面对门外汉这样的说法,老人做出以下回答。"我是一名工程师,所以对专业工作基本上是热衷的,但我未必认为原子科学中只蕴藏了人类光明的梦想或可能性。因为那里也充满了人类灭亡的可能性。"井上靖的这篇小说自 1956 年 2 月起在《朝日新闻》上连载,1957 年由新潮社结集成书出版。他对于原子能发电是如何思考的呢?今天我好像没时间去调查这个。而且,明天又会有明天的问题降临到我脑子里。

因为是有关登山的故事,所以出现很多从德语

引入的外来语。不光是"ザイル(登山绳)",还有"ツェルト(帐篷)"、"ザック(帆布背包)"、"コッヘル(组合式炊具)"、"ピッケル(冰镐)"等等的德语日常性单词,在日语中则只在登山语境中使用。与此相当的日语单词不是没有,所以那又是为什么呢?是想说,光是"綱(粗绳)"的话,担心它会断,因此称呼其为"ザイル",而后者是专门开发的新产品,所以安全吗?还是因为,如果使用"縄(绳索)"和"金槌(铁锤)"登山,会让人联想为忍者或天狗[1]的徒子徒孙,所以使用外来语,想给人一种印象,即登山是大学生或优秀市民从事的运动呢?

虽然不像英语那么严重,但是将德语用片假名表示时,有时候也会区分不出两个单词。"ケルン"这个单词一出来,因为我是把这部小说拉到原子能发电问题上来阅读的,所以我想,终于谈到"Kern(原子核)"了吗,心里一惊,然而那是在山里作为记号,用碎石子垒起来的小石堆"Cairn"。失去了

---

[1] 天狗,日本神话里的一种怪物,住在深山,具有神通,能自由飞行。

哥哥和恋人的馨子，决心独自登上穗高山，垒一座小石堆，插上二人的冰镐。插在小石堆上的两把冰镐。让我想起了东德的国旗。

二月二十四日

雪花从阴郁的天空不断落下。昨晚我和朋友一起去附近的电影院观看电影《汉娜·阿伦特》。那是座小电影院，一排6个座位，一共只有10排。坐在里面感觉非常好。在从我家步行可以到达的5家电影院里，它在我心中排名第二。

昔日的纽约。派对客聚会的客厅里，谈话正酣。汉娜·阿伦特说的英语一度出错，有人为她纠正。接着，谈话趋于白热化，大伙儿开始讲德语，只懂英语的人退到房间的一角。是一群从德国流亡到美国生活的犹太裔知识分子吧。虽然她的英语水平足以在大学讲授哲学，但在日常生活中讲话时经常犯些小错误。幸亏这样，她才得以摆脱完全被吸入只用一种语言构成的、单一意识形态中去的危险。"纳粹头目全部是恶魔一样残忍的人。"大多数美国人或以色列人对此深信不疑，但汉娜·阿伦特与他们不同,她在实际的审判场所,观察艾希曼[1],发觉他并不具有魔鬼般的超凡魅力,而是一个凡人。她把这事发表在美国的杂志上,受到大批美国人的批判攻击。针对这些,她在一群学生面前用英语为自己辩白的场景实在太棒了,让人直起鸡皮疙瘩。听得出,英语不是她的母语,所以她讲得不是很流利,然而,她将自己想说的话,一个词一个词像积木似地堆积起来。让人感到即使只剩下她一个人,也不放弃思考的勇气和孤独。

据汉娜·阿伦特说,虽然艾希曼作为纳粹的一员,让无数的犹太人陷于死地,但他不是恶魔般残酷的人,只是一个凡夫俗子。他属于司空见惯的德国人,相信必须服从上司的命令,认真而不懂变通。他个人甚至不憎恨犹太人,但是他相信必须服从上级长官的命令,履行自己的义务,如果命令他杀犹太人,他就会杀。凡人如果停止用自己的头脑

---

[1] 阿道夫·艾希曼(1906年3月19日—1962年6月1日),纳粹德国的高官,也是在犹太人大屠杀中执行"最终方案"的主要负责者。经过漫长的流亡后,最终来到阿根廷。但是以色列的情报部门摩萨德却查出艾希曼的下落,并且于1960年5月11日将其逮捕,并秘密运至以色列。1961年4月11日艾希曼于耶路撒冷受审,同年12月被判有罪并处以死刑,1962年6月1日被处以绞刑。

思考，他就不再是人。无论是怎样平凡的人，也有思考事情的能力。只要不停止思考，即使被逼入看似非常不可能的"抵抗运动"[1]之类的状态，也必定能找出一条道路，不协助沦为杀人机器的权力作恶。能够使用语言思考事情，那么即使面临绝望的深渊，也能拯救我们。如此讲述着的汉娜·阿伦特，她的英语正是贯穿了一边思考一边说话的人的气息，我听着听着眼泪掉了下来。

另一方面，曾经是她恋人的海德格尔，在这部影片中被描绘成一个滑稽而小气的家伙，随意摆弄他的母语德语，时而操纵讲话速度，时而在出人意料的地方断句，时而加入他自己特有的腔调，仿佛他的话有特别的深意。

二月二十五日

我刚刚从日本回到柏林，明天又不得不去美国了。我虽然习惯了旅行，但是现在在这里的自己，稍早之前却在完全不同的地方，这种感觉有时候让我头晕目眩。如果是走路移动位置，身体也能够领

---

[1] 指二战期间法国人反抗法西斯和维希政府的运动。

会，但是乘飞机的话，就好像被装进了时光机器似的，有切断了空间与自己的关系之感。

二月二十六日

我从柏林飞到阿姆斯特丹，在那儿换乘上前往亚特兰大的航班，机内广播已经全是英语了。通常能听到三种国家的语言（例如，法兰克福与成田之间是德语、日语、英语），现在光是英语，感觉不太对头。

发给我的美国入境卡碰巧是荷兰语版的，所以我一边琢磨它的意思，一边从中得到乐趣。荷兰语因为和德语类似，所以不那么难，而且其与德语稍微有些偏差这点还挺有意思的。与姓相对的名在德语里是"Vorname"，所以我想荷兰语的"Voornaam"是与之对应的吧。话虽如此，同一元音连续两个排列在那儿，看上去很滑稽，这又是为什么呢？例如，假设存在一种与日语是近亲关系的语言，如果那种语言里"なまえ（名字）"变成了"なめめ（まえ约音成め，再重复一遍）"，那该多有趣啊，我这么想象着。荷兰语的"Staatsburgerschap"是国籍的意思吧，可这单词好像把德语和英语混在了一起，我觉得这也很有意思。

我想起一位朋友BB女士的事来，她的父母是德国人，她本人在荷兰长大。她上小学时，听写很差。她在家里说德语，在学校说荷兰语，全没问题，可拼写却乱七八糟。于是，父母和老师商量，决定让她在牢固掌握荷兰语的拼写之前，先不要写德语。后来，她不仅是荷兰语和德语，连法语和英语都能自由读写了。

我在飞机上读片冈义男[1]先生的《用英语来思考日语》一书。那是上星期我在日本购买的。他将没有在英语圈生活过的日本人可能会说的英语句子，与更加准确的英语表达法，加以比较并说明。我渐渐觉得诀窍在于，不要匆匆忙忙地造句，而是要仔细玩味当时的状况，运用直觉来造句。

例如，想问"多少钱？"的时候，立即出来了"How much?"。我也不例外。可是据说，如果讲"How much?"的话，就相当于"錢なんぼ（日本方言，值几个钱）"。据称，更合适的表达法是"What

---

[1] 片冈义男（1939年3月20日—），日本小说家、随笔作家、摄影家、翻译家、评论家。

is the price on this?"。

德国人一般对于问价格是不会感觉有什么不好意思的,但有些场合也确实不能问"值几个钱?"。比如,走进看上去很高档的时装店,我自己也会不自觉地问,"Was würde es kosten?"这是所谓的虚拟语气,相当于问"(如果我买的话)它是多少钱?"。也就是说,因为价格高,所以我大概不会买这件衣服吧,但如果我买的话,它是多少钱的意思。

"物心ついてからこのかた(自懂事以来)"用德语怎么说呢?这是一个也会让我伤脑筋的日语表达法。所谓"物心つく(懂事)"究竟指怎样一种状态呢?是指自己经历的事情开始刻入记忆的时候吗?在幼年时代的某个时期以前,完全没有关于自己的记忆。连同这种感觉,那个词语让我毛骨悚然。

片冈义男先生写了以下一段话。"为了翻译成英语,必须将日语原来的表达法砸得粉碎,将日语式的说法全部筛掉,只剩下纯粹的意思,然后将其付诸词序正确的英语,传达给对方。"每天重复这样的努力,你的母语——日语——说不定也会呈现出透明性来。"物心ついてからこのかた"这个词语,片冈先生翻译为"remembering as far back as I can（打我记事以来）"。

对我来说，不容易翻译成德语的是"リアリティ（真实感）"这一日语词。它原本不是日语词，这就更加奇怪了。"该小说有リアリティ"这种说法体现了日语本身的特色。用德语说的话，"überzeugend（有说服力的）"与之相近，但稍有偏差。也就是说，虽然说它有"リアリティ"，但是读者没有亲身经历过小说中描写的事情，所以无法判断它是真是假。尽管如此，既有让人感觉"真的一般"的小说，也有完全不是那么回事的小说，这种"真的一般的感觉"用日语来说，就是"リアリティ（真实）"吧。可是，表达"我感觉那像是真的"这种"自己的感受"，却使用"リアリティ"这样的词语，那么你就会有丧失某种机会的危险，即认真面对真实是什么的机会。因此，在日语里，我姑且不用リアリティ这个词。

我在亚特兰大换机飞抵塔拉哈西。在佛罗里达州立大学教德国文学的BK先生开车来机场接我。

二月二十七日
无论在地球上什么地方，只要我继续写同一部小说，我作为作者的存在就有了持续性。这不是身份的问题，而是像运笔行文一样的东西。即使外界的时间和空间混乱、中断，只要我的笔在继续运动，时间就有了连续性。

下午，BK先生带我去湿地公园中央的一大片池塘，那里有丰富的地下水涌出。小船在芦苇丛中缓缓行进，可以看见正在午睡的鳄鱼和乌龟。鱼儿跃出水面，还有觅食的水鸟和老鹰。就在我们眼前，一度有一只海牛从水中露出脑袋来。

观光手册上写着，水源地的名称叫"Wakulla"，这是美洲土著人（印第安人）的语言，意思是"鸣鸟之河"。据说，这一带大约从15000年前就有人类居住。美洲土著人的语言和英语不一样，有很多元音，所以我立刻想给它套上汉字。"Wakulla"是"和仓"，佛罗里达州的首府"Tallahassee（塔拉哈西）"是"多良桥"。如果说从西伯利亚向东大迁移的人们，一部分在现在的日本列岛定居下来，其他人经由阿拉斯加来到美洲大陆，成为美洲土著人，那么即使他们的语言和日语之间有联系，也没什么奇怪的了。如果他们受过中国文化的影响，那么地名写成"多良桥"、"和仓"这样的汉字也是有可能的。"多良橋の和倉に鳴く鳥（在多良桥的和仓鸣叫的鸟儿）"，我这么试着一写，感觉竟然有些像《万叶集》[1]中的诗句了。

我们在一家名为"Riverside Cafe（河岸餐馆）"的小店里吃牡蛎三明治。"牡蛎"这种食物与"書き（kaki，写）"谐音，对作家来说是好彩头，所以一有机会我就会吃。

餐馆的门上写着"Open 7 days"。如果是日语的话，会写作"年中無休（全年不休）"。一天也不休息，和每天都开业，这两种说法有很大的不同。就日本而言，是对顾客说，"我根本不休息，辛勤地劳动着。"像我这样的人，如果听到"年中無休"之类的话，就想对他说，"请不要这么说，偶尔还是休息一下吧。"

这么一说，我想起来，昨天在亚特兰大机场，看到一块牌子上写着"Need Help?"，既没有主语也没有冠词，只两个单词就明确地传达了内容，英语有如此的手段，让我钦佩不已。即便在德语里，也

---

[1] 《万叶集》是日本最早的诗歌总集，相当于中国的《诗经》。收录自4世纪至8世纪中叶4500多首长、短和歌。

做不到这样。如果是日语，会变成"お手伝いの必要なお客様はどうぞ御遠慮なくお申し出ください（乘客如果需要帮助，请不要客气，向我提出来）"吗？句子太长了，让人直犯嘀咕，怎么提出请求才好呢？

二月二十八日

我与日裔美国人兼斯拉夫文学研究者 LW 先生，以及从前天起就承蒙照料的 BK 先生，三个人共进午餐。然后，去参观了 BK 先生教授的德国文学研讨班。美国学生大多来自当地的佛罗里达州，而外国留学生也为数不少。其中还有德国人。最近，到美国大学的德国文学系学习的德国留学生已不罕见。我在汉堡大学求学时，作为辅修专业参加了日本学的研讨班，获益匪浅。"用英语来谈论自己国家的文学，并从外部来观察，非常有趣。"一位德国学生说。另一位德国学生说，"'我现在紧张'或'我激动'这种句子，我在德语里决不会说，可换了英语，我却经常说。"换了英语，就容易表达感情，这就是他的见解，可这到底是怎么回事呢？周围的人总是说"我现在紧张"之类的话，你自己也能毫不勉强地说出口了吧。可是,大家都能轻松地说"我激动"来代替寒暄,而且别人也期待你如此说,在这样的社会里,光说"我激动",还不等于表达感情,难道不是吗?

三月上

三月一日

在大学的礼堂举行朗读和讨论会。这也是本次访问佛罗里达州的重头戏。作家之中除了我以外，还有一位海地青年作家，以及一名犹太裔俄罗斯作家。前者用法语写的处女作由法国伽利玛出版社出版，后者幼年时期与父母生活在拉脱维亚的首都里加市，其后流亡到加拿大的多伦多，现在用英语写作。我们全是来到母语之外的作家。

朗读是一人10分钟，所以我朗读了短篇小说《不死之岛》的英译本片断和诗歌。我在柏林练习过朗读才来的，所以还算过得去，可是今天早晨我在旅馆自己的房间里，再一次试着大声朗读时，想起了"つっかえる（结结巴巴）"这个词。小学低年级的时候，在国语课上，大家曾经比赛，看谁能不打结巴，朗读的时间最长。以能持续多久不结巴为标准，来衡量朗读的水平。虽然有"すらすら読む（流利地朗读）"这样的说法，可仔细一想，"つっかえる"也是颇有意思的现象。虽然每个单词都认识，可一瞬间竟读不出来，停了下来。落入将文字转变为声音之不可能性的洞里。文字与声音之间本来什么关系也没有。好像没有桥梁的河流，把它想象成有桥梁，要渡过它一样。如果反复练习，习惯以后，你变得能轻松渡过去了，可是，因为实际上没有桥，你稍不留神，就会掉进河里。

今天的提问环节，主持人把问题事先交给了我们。在会场很大，又有其他作家出席的情况下，回答以简短为好。回答的多义性尽可以托付给画面感，要避免进行乱糟糟、自我辩解式的说明。因为是对复杂的问题给予简短的回答，所以禅宗问答之类的文体值得参考。例如，有人问，"某位作家说过，要成为世界主义者，首先需要变为无根的草，您对此是怎么看的？"我的回答如下。"因为我不是植物,所以本来没有根。我具备的有关日本的知识,不是在根里,而是在脑子里。因此可以随身携带。"在国际性场合讲话时,不是先用日语思考,再把日语翻译成英语,而是用画面来思考,再把画面翻译成英语。画面要选择鲜明、简单、多义性的,即使英语水平差也要争取传达给听众。结束之后,学生们说我的回答 funny(有趣),非常好。更令我高兴的是,一位专门研究洛尔迦[1]的西班牙文学老师说,他虽然完全不懂日语,可我朗读的日语诗,传递给了他很多东西。

三月二日

我从塔拉哈西经由亚特兰大飞往辛辛那提。在旅馆休息片刻,前往作为会场的大学。专题讨论会的主题是"灾祸和灾难",我把与核电站事故相关的文本也加入其中,将各种各样的片断组合起来,用英语、德语、日语朗读。多语朗读的诀窍(该诀窍也许只适用于我自己,所以称不上是诀窍)是,

---

[1] 洛尔迦(Federico Garcia Lorca,1898 年 6 月 5 日—1936 年 8 月 19 日),西班牙诗人、剧作家。

同一段文本不要用两种以上语言朗读。特别是，先读原文再读译文，这种模式不断重复，即使内容有趣味，作为演出也让人腻烦。先给你看原文，接着看翻译，首先在人生中是没有这种事情的。不明白的部分依旧不明白，人生还是要不断地向前推进，在某个时刻，出于偶然，你被置于相似或不相似的状况之下，那一瞬间光亮照入过去，你于是领会了，"原来是这样啊。"我想，演出应该以某种形式与上述情形相近，才能令人满意，难道不是吗？想让全体听众理解所有的句子，说起来我能够从这种强迫观念中解放出来，要归功于此前我与之共事的音乐家和演员们。想让人理解，这么想就不行。你只需提供一个形状，让轮廓和节奏清晰，这才是要紧的事。

　　会场设在"马克斯·卡德中心"，建筑物的天花板很高，有点像教堂，音响有嗡嗡的回声，我不太喜欢，但有这么一座礼堂存在是值得庆幸的事。"马克斯·卡德中心"在美国的多所大学都有，而马克斯·卡德这个人，是从德国来的移民，靠止咳药发了财，然后成立了基金会，支持美国的德语教育。我一想到这件事，就总是咳嗽。

在美国大学工作的外国人适应性都很强,特别是德国人,即使彼此之间也总是说英语。因此给了大学校方以口实,"德国人都会英语,所以德语教育没必要",反而让自己犯了难。

学外语,不光是为了能实际使用。如果没学过外语,就难以从外界远眺母语,也很难就语言进行思考。就好像别人让你不用镜子看自己的眼睛一样。

在肯塔基大学教授日本文学的道格·斯莱梅克先生来听专题讨论会,我们阔别许久,终于又能在一起说话了。听说,他在早稻田大学图书馆的地下室,亲身经历了东日本大地震[1]。听着他的叙述,我仿佛亲临其境。我自己当时在柏林,没有经历地震,这种欠缺形成一个太大的窟窿,别人的叙述不断地被吸进这个无底洞。那不是一种共享的感觉,而更像是一种贪婪的吞噬。

三月三日

专题讨论会的第二天。有很多德国人参加。福

---

[1] 2011年3月11日,日本当地时间14时46分,日本东北部海域发生里氏9.0级地震并引发海啸,造成重大人员伤亡和财产损失。

岛核电站事故发生时，德国人受到很大震动，仿佛那是发生在自己国家的事件。德国人很快就得出放弃核能的结论。日本最初的反应看起来似乎不如德国强，但随着时间的推移可知，核电站事故到底还是强烈动摇了日本社会的意识。

在我的印象里，与德国报纸相比，日本报纸的新闻报道方式更加含糊。真是这样吗？我在互联网上查看2011年3月12日的《朝日新闻》网页，上面清楚地写着，"鉴于这种情况，原子能保安院和东京电力公司都认为'炉心溶融（堆芯熔毁）'的可能性很高。这是设想的核电站事故中最糟糕的事态。此情形继续下去的话，有引起爆炸反应，向外部广泛散播放射性物质的危险。"可是，"炉心溶融"这一单词的表现力太弱。不仅大多数人不知道它是什么意思，而且没有意象涌上心头。后面的记者招待会上，新闻记者们用绝望的声音问道，"那么说，发生'メルトダウン（meltdown，即堆芯熔毁）'了吗？"为什么一听到"メルトダウン"就陷入恐慌，对"炉心熔融"却无动于衷呢？

我试着大声念"炉心溶融"这个词，完全没有意象浮上脑海。看字的话，多少能想象它的意思，但是与广岛原子弹之类的历史记忆丝毫没有关系。语言与共同体的记忆相结合，才能打动人心。"炉心溶融"这个词，甚至有壁炉中火苗摇曳，什么东西熔化聚合在一起这样美丽的意象。四个汉字并排摆放，只此就有了安定感，汉字好几千年前就存在了，所以甚至能让人产生世界不会发生骤变的感觉。与此相比，"メルトダウン"则危险万分。它的意象是：和外来语一样，我们并不真正理解却从美国弄来使用的机械，某一天它突然熔化、坍塌了，自己无法修理，紧急情况下又不知如何处置，于是一瞬间，社会和经济都坠入深渊。

"メルトダウン"在德语里是"Kernschmelze"。一听到这个单词，就会涌出真实的感觉，那就是，实际发生了危险的事情，因此无论如何必须阻止它。这也是因为，在"Kern（原子核）"这个单词上，积累了自德国物理学家开发利用原子能起，几十年间反核武器与核能发电运动风起云涌的历史。

"炉心熔融"这个词里什么历史也没有。创造新词的时候，需要以某种形式将历史的记忆纳入其中，难道不是吗？如果换了我，说不定会创造"ピ

カドン溶解（原子弹熔解）"[1]这样的词语。

三月四日

我要从辛辛那提飞往明尼阿波利斯，然后换乘前往麦迪逊的飞机，于是看了看电子公告板，发现在众多的美国地名当中，夹杂着"Tokyo Narita（东京成田）"的字样。一瞬间，不去麦迪逊改飞东京的想法掠过我的心头。

我乘上飞机，坐到座位里，首先浏览一下安全指南。我想，比起日语的"搭乗員（机组人员）"，汉语的"空中服务员"更有内涵，更好。

我继续读片冈义男先生的《用英语来思考日语》一书。在日语里，"わかる（明白）"一词用得异乎寻常地多。书中尖锐地指出，过分依赖这个词，日常生活里什么都用"わかる"来对付，一到说英语的时候也是习惯成自然，一个劲儿地使用"know（知道，明白）"。

---

[1] "ピカドン"是日本俗语，指原子弹；1945年8月，当原子弹投在广岛和长崎时，看见的人们形容为，先是"ピカ（劈咔）"一道闪光，接着"ドン（咚）"的一声巨响，于是后来原子弹俗称为"ピカドン"。

我也曾几度感觉,日语的"わかる"这个词,自己轻易就会使用过多。"不安"这个词在日语里同样使用过多。夏目漱石的小说《后来的事》告诉我们,"不安"这个词,作为表达在只追求利润的工业社会中生存的个人的全新生活感觉的词语,好像是在上世纪初流行起来的。小说中有一位名叫门野的书生。在主人公代助看来,只能认为这位书生的脑子里塞满了"牛脑髓";这位门野评论《朝日新闻》上连载的森田草平[1]的小说《煤烟》,说了些什么"現代のの不安が出ている(现代式的不安出现了)"之类煞有介事的话。(如果是现在的日语,会写成"現代的な不安"或是"現代の不安"[2]吧。)代助与这种现代式的不安保持一定的距离。"代助不太说最近人们像流行语一样使用的词,像现代式的或不安这种。这是由于,他认为,自己是现代的,这事儿不说别人也知道,另外还因为,只有他自己相信,即便是现代的,也不一定需要不安。"然后,代助分析了俄罗斯、法国、意大利文学中出

---

[1] 森田草平(1881—1949年),夏目漱石门下"四天王"之一,1909年,凭借长篇小说《煤烟》一举成名。
[2] 两者皆为日语,与漱石时代的语法表现略有不同。

现的"不安"的缘起,"日本的文学家自发地将仅仅从不安的角度描绘社会这件事,看作舶来的外国货(唐物)加以效法。"

"不安"已经完全融入我们的肌肤,即使告诉我们这是舶来品,也不能马上领会。代助现代地爱在镜子前面打扮自己,然而,父亲经常向他灌输切腹自杀的武士之类的故事,因此他感觉江户时代[1]还不是那么遥远。正是武士。从未听说过武士会感到不安,虽然明天就可能命丧黄泉。武士不需要自问"我是谁",不需要寻找"适合自己的生活方式",也不担心"迷失真正的自己"。武士不是现代的。当然,代助不是真正的武士。他不符合传统价值观的地方也很多。他不尊敬父亲,丝毫没有在某种战斗中取胜的奢望,更没有夺取天下的野心。因此,一方面,他现代地感觉到不安似乎也无不可,但是,他拒绝轻易地将自己的心交给"不安"这种进口货;另一方面,他也没有躲入江户时代。他是戴着高顶礼帽去鳗鱼餐馆吃鳗鱼的那种男人。

---

[1] 江户时代是德川幕府统治日本的年代,时间由1603年创立到1868年的江户开城。

三月五日

我听说威斯康星州内从德国来的移民很多。昨天，德国人SG女士来麦迪逊机场接我，两个人用德语一交谈，有位女性过来攀谈，"不好意思。我无意偷听，可你们说的是德语吧。我来美国已经很长时间了，但是去年，我母亲过世，所以回了一趟柏林。"我不知如何作答才好，姑且说了句，"我也是住在柏林的。"结果对方答话说，"嗯，我一看就知道。"我事后一想，为什么"一看就知道"呢？真是个谜。

在车子上，SG女士对我说了以下一番话。19世纪，很多工匠从德国来到美国。托专门培育工匠的手工业资格制度和同业公会传统的福，当时的德国有很多优秀的工匠。最近移居到美国的不再是工匠，而是学者。在德国国内专攻德国文学并取得了博士称号的人相当多，但因为德国大学的数量少，于是移居到大学数量众多的美国，获得职位。美国的德语文学研究具有和德国本土不同的特色。

在德国国内，一说到移民文学，怎么也免不了提及"我们国家"，认为是"从外面"进来的人，用"我们的语言"创作文学。这并非是他们对此持有否定的看法,倒不如说,由于移民"用我们的语言创作新的文学,丰富了我们的语言"而感到高兴和感激,然而,正因为如此,才让人觉得不好办。

来到美国后,"我们"和"他们"的绝对界线消失。好像大家都是在移民这一前提下生活。

我出席了德国文学的研讨班,担任讲解的也有从中国或印度移居美国的老师,他们对我的创作活动表示了强烈的兴趣。

大约三年前,我用德语写过一系列诗歌,主题是德语的语法。例如,在德语里,和法语或俄语等一样,第二人称单数的人称代词有两种。即对亲近的人使用的"du(你)"和稍稍拘束一些的"Sie(您)"。对初次见面的人一般用"Sie",亲近之后再考虑要不要过渡到"du"。也有种种例外。比如在学生运动时代成立的书店等地方,一进来,大家都互相称呼"du"。另外,上了年纪的一辈人,即使是成了非常亲近的朋友,也保持使用"Sie"不变。

即使"Sie"变成了"du",第一人称单数的"ich(我)"仍是"ich"。这是为什么呢,我就此写了一首诗。无论和什么人说话,都称自己为"ich",

这真是不可思议的现象。人与人的关系不是单方面的，而是影响到双方，但是唯有"ich"这一方是普遍适用的，这究竟是怎么回事呢？

还有，和英语里一样，第一人称的"I/ich"男女都可以用，但是到了第三人称单数，就有了"he/er（他）"和"she/sie（她）"这样性别上的区分，这也很奇怪。这是因为将本来性质完全不同的东西，硬塞在"人称代词"这一柄大伞的下面，所以有些勉强，难道不是吗？既然叫"人称"，就想到是谈"人"的事吧，可是在德语里未必是指人。如果是阳性名词，那么裙子也好，奶罩也罢，全用"er（他）"。另外，第三人称是替换文本中已经出现的单词，所以即使那是一篇关于某个男人的短论文，只要前一个句子里没出现这个男人，那么就不能写"然后，他做了什么什么事"。如果不是紧跟着前面一句——即使只隔开一句——的话，那没关系，但是，假如紧前面一句里出现其他阳性名词的话，那么不管是雨伞也好书桌也罢，要是写了"他怎么怎么样"，则指的不是该男子，而是雨伞或书桌了。

虽然都叫人称代词，但第一人称和第三人称之间有根本的差异。"ich"这个人称代词的真面目是什么呢？烂醉如泥的不良少年和节日中在信徒面前演讲的罗马教皇（最近退位的德国人教皇[1]），都称自己为"ich"，这是为什么呢？这个单词被大家过多地使用，所以磨损了，会不会是这样呢？"ich"仅指说话的人，关于这个人的信息，什么也没提供。因此，"ich"其实只不过是意味着"现在正在说话的人"的一个名词，感觉上像是用第三人称叙述自己的事情，难道不是吗？与"あたし（我，女性用语）"或"俺（我，男性用语，有粗野或傲慢之感）"这些从社会的拦污栅中散发出体臭的日语词相比，德语的"ich"是无色透明的，所以当初，我真的感觉它是在用第三人称叙述自己的事情。

一边学外语，一边有意识地进行一种游戏，即对外语的语法感觉不可思议、有趣，并笑话它，这样的人不太多。我问美国学生，"你们笑话过德语的什么地方吗？"他们也说不出个所以然来。如果是日本学生，认为笑话别人就是看不起别人，所以

---

[1] 2013年2月11日罗马教皇本笃十六世在梵蒂冈宣布退位。当时85岁的本笃十六世生于德国巴伐利亚，于2005年4月接任逝世的保罗二世，被选举为第265任教宗。

克制不笑,那倒情有可原,但在美国这个国家,风趣、能使大家发笑的孩子才受欢迎,所以有更多的人笑话语法才好。

作为笑话德语语法的例子,马克·吐温的《The Awful German Language》一书相当有名。马克·吐温的《汤姆·索亚历险记》和《哈克贝利·费恩历险记》,我在小学时代就爱读,但丝毫没想到以现在这种形式与这位作家重逢。

如果让我来翻译那本书的书名,那么应该是《可怕的德语》或《德语最糟糕》。"awful"本来是"值得敬畏"的意思,但是在口语里,是作为"讨厌,糟糕"的意思使用。和德语的"furchtbar"一样。在日语里,一说"おそるべき(可怕的,糟糕的)",我想,也稍稍有些否定的意味和讽刺的色彩吧。

言归正传,该书中的主人公是位美国人,他去德国海德堡城堡参观一座博物馆,里面收集展示了各种珍奇的东西,他辛辛苦苦学了好几星期德语,得意洋洋地试着说了一下,结果博物馆的人对他说,"您的德语才是珍品中的珍品。我馆务必想要收藏。"他的语法错误就有那么多。于是,主人公展开反击,坚称糟糕的不是自己,而是德语语法太可笑,然后逐一列举德语语法的哪些地方可笑来着。

冠词的变格,语法上的性,这些都让主人公感到滑稽可笑并一一揭露。可是,这是将现在的英语和现在的德语比较才出现的差别,而古代的英语也有五种格,名词也有语法上的性。

下午,我在德国文学系的研讨班上进行德语作品的朗读和讨论。晚上是面向一般公众的朗读会。适合朗读的文本没那么多。我像往常一样,将诗和散文的选段组合在一起,做成一份节目单。因为我是第一次在该市朗读,因此即使是过去在其他各个城市朗读过的诗歌,只要我还喜欢,就可以不必挂虑,再次拿来朗读。

一、带有拟声词并且有画面感的日语诗。约1分钟。

二、用德语写的随笔《母语者》英译本的开头部分。约10分钟。

三、带有拟声词的日语诗。约1分钟。

四、用德语写的随笔《在语言的网中写作》的英译本。约4分钟。

五、我用德语朗读《葡萄干的眼睛》,坐在观众席最后一排的学生朗读英译本,两人的声音稍微错开一些又互相重叠。约 3 分钟。

六、用日语写的《不死之岛》英译本的选段。约 7 分钟。

七、学生朗读《变形用的鸦片》选段的英文版(英文版只有这部分)。约 3 分钟。

八、用德语写的儿童剧中像诗的部分。约 2 分钟。

九、学生朗读《由线条构成的人们》(以汉字为主题的一系列诗歌。原文未发表)的英译版。我出示汉字卡片。10 分钟。

十、朗读混杂有英语（引用《哈姆雷特》）的日语诗 *Hamlet No Sea*。1 分钟。

十一、用德语写的《九断章》的英译版。九张折纸专用纸大小的纸张上，写有九段与语言有关的笔记，读过的纸片一张接一张扔向空中，悠悠飘落地板。

像"诗"这样短小的文本，每一行都不知道思想会向哪个方向跳跃。必须随我一起跳跃的听众，大脑也会疲劳。因此，无论多么长，在 4 分钟后，都要像拿出坐垫似的，来一段散文体的文本，请听众休息一下。另外，比起全是英语，加入一些日语或德语，朗读会的整体气氛会更活泼，即使会场里有很多听不懂的人也没关系。毕竟，听朗读和别人用汤匙喂你断奶食品是不同的。如果只读每个人都懂的东西，那么人们好不容易才聚集在一起，我们所描画的却只是他们想象力的最大公约数。美国的听众来历丰富多彩，与英语关联的方式也各不相同，会日语的人，会德语的人，以及两种语言都不会的人都有。听到听不懂的语言时，如何欣赏它呢？这也是我自身的一个主题。倾听不懂的语言时，语言不再是转达消息的听差。那是我们对语言本身进行思考的少有的良机。

三月六日

出席同一所威斯康星大学的两门日本文学课。学生们都是读过我的《狗女婿上门》，想好了问题来的。我以作者这种形式和自己的小说相关联。这种关联的方式和学生期待的东西也许不同，但我想连带这一点，发表一些看法。

第一个班级的学生读了日语原文的《狗女婿上门》，用日语提问。从零开始学日语的美国学生们，用丰富的日语向我提问。也有好不容易来美国留学，所以顺便连日语也学了回去吧，这样热情高涨的中国留学生,他们也积极地提问。

其中有位学生发言说,"这是关于边缘人的小说。"大家就边缘人展开了讨论。在学校班级或工作单位中,必定有思维和大伙儿不一样的"怪人"。当共同体陷入危机的时候,这种怪人的思想或远见有时会拯救大家。另外,即使不是危机的时候,对常识抱有怀疑也是非常重要的。如果不这样,我们说不定什么时候会犯下严重的过错。因此,我们必须时常感谢边缘人。

《狗女婿上门》里的句子很长也成了讨论的话题。有学生说,他们在美国学校学到的是,短的句子才是好的句子,但看了《狗女婿上门》英译本中满谷·玛格丽特女士的英语长句,他认为长的句子也是不错的。

最后出席的是有关翻译的研讨班。根据SG女士的提议,参加者预先读了我写的一篇有关保罗·策兰[1]翻译的随笔(日语版收入《只言片语的梦呓》),然而,我们无法就此展开深入讨论。感觉

---

[1] 保罗·策兰(Paul Celan, 1920年11月23日—1970年4月20日),二战以来影响最大的德语诗人之一。

学生们没有理解我的话。

还稍稍谈了谈将日语转换成德语时的问题。我谈到了在《雪的练习生》中,动物的手和人的手,在德语里单词是不同的,让我很为难。起初我试着将两个词复合成一个新词"Pfotenhand",后来想想有点做过头了吧,于是作罢。听我这么一说,一位教德语的德国女性说,"我认为这个词非常美。"研讨班结束后,她又来到我身边,重复说道,"Pfotenhand确实是很美的词。"被她这么一讲,我开始后悔把那新词扔进了垃圾箱,决定再把它捡回来。这件事对我来说是今天最大的收获。

三月七日

我曾经在想说"トラベル(旅行)"的时候,误说成"トラブル(麻烦)"。今天,是这二者的关系清晰显现的日子。

好几个月前,大学校方就替我买好了返程的机票(麦迪逊→明尼阿波利斯→阿姆斯特丹→柏林),可是近来,我又收到前往伊斯坦布尔的邀请,自己买了阿姆斯特丹→伊斯坦布尔的机票。因为需要在同一天抵达伊斯坦布尔,所以我想,没有必要特意回一趟柏林，再飞往伊斯坦布尔。另外，说到进出港的国际航班，阿姆斯特丹机场比柏林泰格尔机场多得多。

飞机票这种东西，如果是需要换乘的，那么假如你不乘开始的航班，就无法乘坐后面的航班，但是，乘了前面的航班，乘不乘最后的航班，就随你便了，这是我到目前为止的常识。因为没有要求返还未乘航班的票价，所以我想不会有什么问题。实际上，到目前为止这样都是行得通的。大学方面也这么认为。然而，我在麦迪逊机场三角洲航空公司的柜台办理登机手续时，被告知，"您这是无法变更的机票，因此不能做任何变更。"不能做任何变更，意思是最后不从阿姆斯特丹飞往柏林这样的变更也不行。据说，如果无论如何只想飞到阿姆斯特丹为止的话，那么必须重新购买全套的机票。幸好送我到机场的 SG 女士还未离开。她用德语在我耳边低语，"在美国，如果家属遭遇不幸，是可以通融的，所以就说你住在伊斯坦布尔的叔伯兄弟得了癌症吧。"我正惊异于 SG 女士的突发奇想，她已经用英语对三角洲的人讲起我叔伯兄弟生病的事了。身为小说家的我，也做不到像她这样随随便便地编造假话。这位叔伯兄弟是日本人吗,还是土耳其人呢?在伊斯坦布尔从事什么工作?叫什么名字?是患了一发现即有生命危险的癌症吗?如果是真实的事,截取哪一部分来说都行,可虚构的话,必须连隐藏不见的部分,都要详细斟酌其方方面面,务使前后连贯一致。

幸亏SG女士的"叔伯兄弟作战策略"好像失败了,我无须完成这幅无凭无据的叔伯兄弟画像。

这时,一个好主意浮上我的脑海。办理飞往柏林的登机手续,到达阿姆斯特丹后,先从机场出来,然后用去伊斯坦布尔的机票再次进入机场。可是,这样的话,我托运的20公斤重的行李箱怎么办呢?旅客中途消失,只剩下行李箱换乘飞机,那么即使被怀疑行李箱里放了炸弹,也怪不得别人了。行李事后邮寄到你家里如何,SG女士又提出新的建议。三角洲公司办理登机的姑娘,应该听不懂德语,不知是不是凭直觉猜到了我们谈话的内容,一脸严肃地告诉我们以下的事情。因为我的最终目的地原定是柏林,所以有关我的信息是发往德国。要把它转到荷兰,这件事其实也成问题。

应对恐怖袭击的罗网严密到如此程度,那么就不要做出形迹可疑的行为。最后，我给柏林的朋友打电话，请她新买一张柏林—伊斯坦布尔的机票。我决定先飞到柏林，再从那儿飞往伊斯坦布尔。

事情终于解决之后，我松了一口气，从麦迪逊飞往明尼阿波利斯的航班却晚点了，我没乘上从明尼阿波利斯去阿姆斯特丹的飞机。等4个半小时，可以乘下一趟航班，我为了提防发生这种事，带了推理小说来，真不错。内心平静的时候，语言学的书我也能读得津津有味，可现在这种时候，不读推理小说，感觉就会超过我忍耐的极限了。漫长的飞行途中，我拿来作为旅伴的，是《无止境的杀人》（宫部美雪[1]著）。叙述者是与案件相关者的钱包。小说发挥日语的特色，根据不同人的钱包，分别将第一人称改变为"私（我）"、"あたし（我，女性用语）"、"僕（我，男性用语）"等等。

书中出现"アベック（情侣）"一词时，我差点啊的一声大叫起来。记得我在写《美洲：残暴的大陆》（2006年）时，使用了"アベック"这个单词，

---

[1] 宫部美雪（宫部みゆき，1960年12月23日—），日本小说家，日本推理作家协会会员。主要作品包括《火车》、《理由》等。

被人笑话太陈旧，在成书之前修改为其他词。可是，宫部美雪女士不也在使用吗？我看了看书后的版本记录页，发现该小说是1992年首次出版的。那么说，在此后的15年间，"アベック"一词变陈旧了。

同样是外来语，"アベック"比"カップル（couple，一对儿，情侣）"更有幽默感。"アベック"这一日式法语词，好像是来自于法语的介词"avec（意思是和……一起）"。用介词创造名词，这一点实在是不落俗套。我还想到，那样的话，不用"カップル"，而是从日语的"誰々とともに（和某某人在一起）"取材，创造出"トトモニ（片假名，即とともに）"这样的新词如何？

托推理小说的福，等候的时间不那么痛苦。在飞机到达之前就读完了，所以连"解说"也仔细读了。引用《赤旗报》[1]谈论《火车》的评论家笔力雄健，说《理由》终于获得直木奖[2]真好，而《火车》

---

[1] 《赤旗报（しんぶん赤旗）》是日本共产党中央委员会发行的机关日报。

[2] 直木是《文艺春秋》杂志的创办人菊池宽为纪念友人直木三十五，于1935年（昭和10年）与芥川奖同时设立的文学奖项。每年颁发两次，得奖对象以大众作品的中坚作家为主。

未能获得直木奖不正常。《火车》是那种让人的脑子起鸡皮疙瘩的惊悚小说，对信贷社会进行了猛烈的批判。给人感觉解说的作者在暗示，因为它批判得太过切中要害，所以没能得奖。

照原样描绘日本社会，就成了惊悚小说，所以惊悚小说是最接近写实主义的体裁。与之相比，《无止境的杀人》不是惊悚小说。每个人分别持有颇具人性的钱包，这些钱包明确地用第一人称进行叙述。钱包的登场，说不定是为了和有可能被别人盗用的、信用卡式的身份形成鲜明的对比。

三月八日

中午在阿姆斯特丹换机，飞往柏林。虽然傍晚仍要回到柏林泰格尔机场，但我先回了一趟家。朋友拿了汤汁和新买的机票给我送来，所以即使只能在家里待几个小时，也能品味到回家的感觉。

这么说起来，有件事我忘了写，那就是前天吃晚餐的时候，教德语的老师们谈到，在美国学生们使用在线辞典写的作文中，出现了一些有趣的错误。其中有一段是，"感恩节那一天，我们全家人一起吃土耳其人。"在美国，感恩节吃火鸡是一种习俗,"turkey(火鸡)"首字母大写作"Turkey"的话,就成了土耳其的意思。听说火鸡是经由土耳其传入的,所以英语里那么称呼它。对于就要去土耳其的我来说,这可不是能够开玩笑的故事。我在土耳其既没有叔伯兄弟,在美国吃的也是火鸡,不是土耳其人。

因为是在最后关头买的飞机票,所以只剩下土耳其航空公司了,价格虽高,机内却很宽敞,盥洗室大得足以跳舞,食物和三角洲航空也有云泥之别。好久没用"云泥之别"这个词了,刚才我突然想用用看,于是就用了。

因为到达伊斯坦布尔是深夜,所以我稍稍有些担心,但出租车驾驶员人很亲切,也很快明白我要去什么地方。我入住塔克西姆广场附近的旅馆后立刻上床就寝。

三月九日

我在伊斯坦布尔的旅馆醒来。这是理所当然的事,可我有时候想,如果有朝一日,你进入梦乡的旅馆和你一觉醒来的旅馆不一致,那该如何是好。

欧洲旅馆的客房里经常放着《圣经》,现在这间房间里搁着《古兰经》。妮可·巴里女士发来手机短信。让我们10点15分之前在门厅集合,一起去学术会议的会场。

巴里女士30年前在巴黎经营专门经销德语书籍的书店,是位精通德语的法国女性。1982年,我就职于汉堡的德语图书出口代理公司"格罗索夫·韦格纳"公司,80年代前半期就在法兰克福书展上与巴里女士见过几次面。她后来关掉了书店,开始在巴黎筹划与德国相关的文化活动。

这次以都市为主题的学术会议,有各国的学者和作家参加,法语、德语、土耳其语、英语等等交错纷飞。发表讲话的大多为研究人员和作家,但另外也有建筑领域的参加者,甚至有位厨师,就伊斯坦布尔美食的变迁展开演讲。

为了寻求更好的生活,人们汇集到大城市。多种文化交织,作为世界主义者生活的人们,膨胀着梦想和自豪。有些人的发言让人浮想起的现代大城市的姿容,与上述理想相去甚远。非但没有更好的生活,反而在城市陷入贫困,陷入无法从那里逃脱的状态。没有文化交流,与原先就住在城市里的人以及其他的移民群体一味地发生冲突。因此,描写

20年代巴黎或纽约的文学,对于描写今天的伊斯坦布尔没有参考价值,有的发言还这样说。

现在,问题已经不是 metropolis(大都市),而是 megapolis(元都市)了,某位来自加拿大法语区的女作家发言说。Metropolis 已经陈旧,用描写 metropolis 的文体,无法描写 megapolis,我们必须寻找描写 megapolis 的新文体。我略带兴奋地听着她这番朝气蓬勃的声明,然而,具体谈到她体验和描写的 megapolis 时,那竟然是我生长的村庄——トーキョー(东京的片假名)。除了一些特殊的场所,几乎只能听到一国语言,所以我个人感觉,トーキョー是个"村庄"。这样的トーキョー被当成 megapolis 的代表,起初让我很困惑,不过,听着来自加拿大法语区女作家的发言,我渐渐理解她想说的是什么。在东京只能听见一种语言,对于听不懂这种语言的人来说,这座城市扔过来的信息,说不定反而让人消化不了。饮料自动售货机忽亮忽灭的光是什么意思?车票自动贩卖机中传来女性的声音,说的是什么呢?那么巨大的霓虹灯闪烁着展示的,十分畅销的商品究竟是什么商品?温顺的步行者,不和谐地扯起喉咙招徕顾客的宣传员。听她这么一说,东京说不定真是那谜团交错纷飞的トーキョー。我从小时候起,眼睛和耳朵就锻炼得自动忽视那些自己不需要的信息,而且,对于东京的浪费、不合理、滑稽也习以为常了。东京对我来说,像装入套盒的节日菜肴一样温顺。下町、山手、多摩[1]三层套盒的里面,进一步整齐地分隔开。所有菜肴都带有相似的高汤和酱油味儿。但是,如果我能忘了日语的话,东京说不定会显露出别的姿态。

据说,megapolis 指的不仅是巨大,而且是指用此前把握城市的尺度,已经不能把握的都市。加拿大作家描绘的东京,商品循环往复、不断增殖的意象,直接反映在文体中。另外,即使读不懂日文,也看得懂公司的商标。说不定,反倒是读不懂日文的话,城市里悄悄置身于满溢的日语信息当中的商标更容易映入眼帘。这些大公司的名称作为音乐式的要素纳入到她的文本中。东京在她的眼里,说不定像原先财阀[2]驱动的城市。大企业的名称执拗地出现好几次。

---

[1] 东京由下町、山手、多摩等地方构成。

[2] 财阀,第二次世界大战结束前日本的金融资本集团。由家庭及其所控制的巨大的金融、工商企业紧密结合组成。

三月十日

在巴黎的各个大学教授土耳其文化的TM先生是土耳其人,他为愿意游览城市的学术会议参加者们担任向导。他的法语、德语、英语都很流利。我们住宿的旅馆位于贝尤卢(Beyoðlu)地区,那里有很多建筑工地。"建筑公司向政客们行贿,接二连三地建造不必要的工程,破坏历史遗迹,破坏大自然,现在这已经是世界性的现象,难道不是吗?"TM先生干脆地说道,他这番话让我倒吸一口凉气。最近几年间我目睹的各种各样的城市,中国、韩国、乌克兰、白俄罗斯等国家的城市中高耸的巨大建筑物,在我的脑海里如雨后春笋般长起来。甚至在以为已经不剩下盖楼地方的东京,都有新的大楼建起来。

进入一条古色古香的狭窄胡同,我舒了一口气。这里有白俄罗斯的流亡者开的餐厅,在巴黎式玻璃拱廊的深处,装饰有拉手风琴的亚美尼亚女性的肖像。"伊斯坦布尔还住着三千多日本人。"TM先生说道。一听此言,我想,如果这样的话,其中有我的一个叔伯兄弟,说不定也没什么奇怪的。一家咖啡馆的小凳子和我很早以前在越南看到的很像，我们在门外的座位上喝土耳其咖啡。记得在汉堡的土耳其人聚居区，我也喝过土耳其咖啡。这里是土耳其，当然喝土耳其咖啡了，然而这么想就错了，平常大家都喝雀巢咖啡，TM先生苦笑着告诉我们。如果供应的是传统咖啡，反倒有必要怀疑，那是不是面向观光客开设的店铺。被海外人士认为拥有卓越茶道传统的日本，其实也有类似的现象。听说，在日本喝袋泡绿茶的人增多，家里没有小茶壶（急须）的人越来越多。经常从自动售货机上购买罐装绿茶来喝的人也大有人在。没去过日本却热爱日本的人士，如果对他们说起这事，打击未免太大，所以我尽量不说这个。

即使在伊斯坦布尔，尤其在这块属于欧洲的地区，却没有德国的土耳其人聚居区那种浓厚的"土耳其式"氛围。听说，其中的原因是，去德国的移民大多来自外省，他们将伊斯坦布尔已经见不到的往昔的土耳其特色带去了德国，并原封不动保存了下来。

登上加拉塔桥塔（Galata Tower），能望见河对岸的亚洲。亚洲和欧洲的分界线在这里也有。对我来说,第一次经历的亚欧分界线是在西伯利亚的正当中。

TM 先生因有工作要忙,先行告辞,参加游览的人里也有今天要回国的,所以到了中午,我们一行人的人数减半。剩下六个人的我们,在河边的室外餐厅享用鱼类大餐。

桥上有好多垂钓的男人。我们走到对岸,踏入一条小巷,周围行人众多,变得十分拥挤,像是前后左右被人推着似的往前走。因为人头攒动,没法一一细看出售的物品。为什么对于那位加拿大的作家来说,megapolis 不是伊斯坦布尔,而是トーキヨー呢?若只论行人摩肩接踵,商品五花八门,这里和欧洲人旅行的东方的形象相差并不是那么大。是因为东京堆积如山的货物不是石榴或布匹,而是电脑吗?

圣索菲亚大教堂像一只多子多孙的大章鱼。刚想它是不是被夕阳染红了呢,却原来是羞红了脸。它既不是身材高挑,也不是矮矮胖胖。比例异常美的建筑。原先是拜占庭教堂,后改为清真寺,现在则成了博物馆。

回到旅馆,给研究斯拉夫学的日本朋友写了封电子邮件。我写到土耳其的国旗、勋章、军服的设计让人联想到苏联，还有，今天我感觉到莫斯科有巴尔干半岛风格。都是些无责任感的主观印象。结果，回信很快就来了。"以前，不是有莫斯科是第二罗马这样的口号吗？其实，它应该是第二君士坦丁堡才对。"1453年，奥斯曼帝国入侵君士坦丁堡，那里的东正教神父逃往莫斯科。逃亡的神父数量不多，但是他们的文化影响力好像很大。我打开心中的世界地图，将莫斯科与伊斯坦布尔用一条线连起来。

这么一讲，我想起昨天吃午餐时，巴里女士曾说，"我的祖父出生于伊斯坦布尔。不过，比起伊斯坦布尔，他更愿意说那儿是君士坦丁堡。"1453年，君士坦丁堡变为伊斯坦布尔。可是，在那个时点上，君士坦丁堡并没有从人们的心里消失。我又一次打开心中的世界地图，在伊斯坦布尔的旁边注上"君士坦丁堡"。

听说美丽的圣索菲亚大教堂建于6世纪，幸好，想要破坏它的建筑公司好像还未出现。

三月十一日

我在汉堡大学上学时，一位语言学老师专门为土耳其人编写了德语教科书。这位老师是德国人，可是他自学了土耳其语，到年龄退休时，还用土耳其语发表演说，获得满堂喝彩。我的专业虽然不是语言学，但文学专业的学生也必须取得若干语言学的学分，所以我听过他讲课。结果发现意外地有意思。

当时，我经常听他说到，日语和土耳其语有相似的地方。据说，因为构造类似，过去有学者认为，二者均属乌拉尔－阿尔泰语系。我试着问他，究竟是什么地方相似呢，回答说，例如没有冠词，名词没有语法上的性，没有前置词（介词）却有后置词（助词）等等。当时，我感觉他的这些论点非常不合理。我想，这是因为那个时期，我对于以印欧语系为中心的语言学见解开始变得神经质的缘故吧。与印欧语系不同的全是一丘之貉，我好像一听到有人这么说就气不打一处来。那样的话，就好比锅子以自己为中心看世界，并且声称"缝纫机和洋伞很像"，难道不是吗？从锅子看来，缝纫机和洋伞有各种各样的共同点。首先，没有盖子，然后是工作时不发烫，并且对烹饪没有帮助，等等等等。这不过是锅子的理论，难道不是吗？世界上没有冠词的语言肯定比有冠词的语言多得多。语法上的性，我想也是没有的更普遍。作为少数派的印欧语系，却认为自己是世界的标准，难道不是吗？

来到街面上，就听得到土耳其语。虽然是在德国已经听惯的声音，可是因为我没学过土耳其语，所以分辨不出一个个单词。

土耳其出生的德语作家埃米奈·塞夫吉·埃兹达玛（Emine Sevgi Özdamar）曾经说，1928年，土耳其语废止阿拉伯文字，改用拉丁字母记载，那时，来自阿拉伯语的外来语被人为地减少。虽说是减少了，好像其实还有很多。只不过，因为不是用阿拉伯文字，而是用拉丁字母书写，所以不显眼罢了。一般的解释是，该语言政策是靠近西方国家、与阿拉伯语世界保持距离政策的一部分。埃兹达玛的小说《母语》（*Mutterzunge*）中的出场人物虽然是土耳其人，却学习阿拉伯语。那是对土耳其政府政策的大反抗，20年前的我还不明白这一点。

今天，我一个人去参观托普卡普皇宫[1]。地铁和有轨电车都不像昨天那么挤。我一边参观后宫，一

---

[1] 托普卡普皇宫（Topkapı Palace），15世纪中叶到19世纪中叶奥斯曼帝国的君主居住的宫殿。

边想起 TM 先生昨天说过,"土耳其曾一度禁止一夫多妻制,可是最近又得到了官方承认。"时代也会倒流啊,我这么一想,不禁毛骨悚然。我一边在后宫嫔妃们走过的廊子上漫步,一边想到了《源氏物语》[1]。托普卡普后宫的妻妾里,也有紫式部那样写小说的人吗?如果有的话,那么也会产生乌拉尔－阿尔泰中世纪女性文学这样的研究领域,难道不是吗?

三月十二日

"早起三文德",有这样的俗语,我一直以为是"早起三文得"。知道不是"得"而是"德"后,我气愤得要命。用金钱计量道德,这种做法太不认真了。三文钱换算成现在的货币,价值多少呢?如果说那是值几个欧元的"德行",那么我即使困倦也会早起的吧。俗语中的货币不能兑换,所以我不知道换成土耳其的钱,那德行价值多少。不过,我好歹 5 点钟起了床,6 点半乘上了前往机场的巴士。

---

[1] 《源氏物语》是日本古典文学的高峰,被誉为日本的红楼梦。《源氏物语》的作者是日本平安时代的著名女文学家紫式部(973—约1014 年)。

驾驶员微笑着用日语说,"请多关照"。巴士的司机这么对我讲话,在日本也是一次都没有过的。

来时是土耳其航空公司的机票,所以抵达阿塔图尔克国际机场,然而,回去时是柏林航空和飞马航空联运航班的廉价机票,所以不得不去离旅馆很远的伊斯坦堡撒比哈机场。

欧洲之内的航空资费下降以后,我的文学活动发生了很大变化。之前,我只在德国国内举行朗读会,现在轻而易举地就被邀请到各个国家。以日语和德语的对比为中心观察语言,虽然这一点没有改变,但是,现在我开始觉得,这两种语言与无数其他的语言结成了亲戚朋友关系,成为用网络构成的一个巨大球体的一部分。

巴黎见到的事情在伊斯坦布尔讲述,伊斯坦布尔的体验接下来又会拿到卢森堡叙说吧。但是,又与用相同的理念在全世界开连锁店这种意义上的"全球化"有所不同。像我这样的小蜜蜂有许许多多,从这个花朵飞到那个花朵,搬运花蜜,一点点混合到一起。虽然每只蜜蜂都有自己的个性,但身体小是共同的特征。自己的翅膀太小,所以要搭乘飞马、鹳、鹰、鹤,在天空飞翔。完全没有中央司令部那样的机构，各自凭自己的意向飞来飞去。

有人吓唬我说，遇上交通堵塞的话，有时候从塔克西姆到机场要花3个小时，然而，道路很空，坐上大巴，40分钟就抵达了机场。离飞机的出发时间还有3个多小时，于是我在办理登机手续柜台前的长椅上坐下，推敲起《雪的练习生》的德语版来。虽说是推敲，其实还根本没有完成，有些页必须重写所有的句子。一个大约七八岁的土耳其女孩走过来，目不转睛地盯着我的电脑屏幕上出现的德语文字，过了一会儿，她用德语问道，"土耳其语您也会吗？"懂德语、头发又是黑色的人，也应该会说土耳其语，她是这么想的吗？她的思路是个谜。

到达柏林后，发现积雪很深。

三月十三日

土耳其裔德国文学中，我最熟悉的是埃米奈·塞夫吉·埃兹达玛女士的作品；如果说她是从土耳其来到欧洲、参与过学生运动的那一代人，那么费里顿·蔡莫葛鲁（Feridun Zaimoglu）则是以出生于德国、粗话连篇、让有良好品味的市民无比震惊的"愤怒的贫民窟青年"的形象登场的。可是，形象终究是形象,现实则还要稍微复杂一些。蔡莫葛鲁在《卡纳克语》(Kanak Sprak)的前言中,坦率地写道,因为自己是大学毕业的,所以为了能得到街头不良少年们的信任,费了很大的工夫。

"卡纳克"是将移民视作无教养者的蔑称,但这个词本来是指夏威夷及南太平洋的居民。蔡莫葛鲁的战术是,让"卡纳克"自己使用这个词语,自豪地宣布,"本大爷是卡纳克。"

从据认为是错误的移民德语得到启发,蔡莫葛鲁创造了一种人造语言,虽然是人造的,但是传达了他们生活的"劲头",这劲头与外界发生碰撞瞬间的焦躁,他们遵从自己的规则的那种天不怕地不怕,以及中途气力不继等等精神状态,非常有趣。蔡莫葛鲁在前言里陈述的主要意思有,"大学毕业的土耳其人,无论做怎样的社会批判,都会被欢迎加入德国人的知识阶层,仅此一点,就成为不了社会变革的火药。"好像他因此决定把街头不良少年的语言,不经加工地纳入文学中来。

即使批评这种语言发散的气味儿有时候过于人造化,可能也没有意义。这不是语言学家为了分析而录音,再转写下来的产物,它完全是创作和创造出来的语言,所以"假装像真的一样"是没有意义的。

蔡莫葛鲁在前言里斩钉截铁地说,街头的不良少年们充分意识到自己想怎样生活,没有在知识分子经营的"身份超市"里购物的打算。那个超市里究竟在贩卖什么样的身份呢,我暗自琢磨。跨文化人、多元文化人、世界主义者。以及作者列举的居住在德国的土耳其人的刻板印象——"住在附近的亲切的阿里先生"。

三月十四日

《雪的练习生》里,我自己的德语乖巧可爱,让我厌烦。虽然知道是冒失的愿望,但我也想试着做些类似于用不良少年的语言写饶舌乐的歌词这样的事。昨天从书架上取出后一直放在书桌上的《卡纳克语》,我尝试翻译其中一段。

"当地人给予'土耳其草'的保护区有两种。一种是附近亲切的阿里先生。实在是令人瞧不起的家伙哟。他向国家交人头税哟,把人家的铁蹄娴静地搁在自己的膝头,脖子上套着绞索,却还相信魔法的力量和圣母玛利亚的奇迹什么的。喜欢互相帮助的朋友来后,嘭地拍拍他肩膀诉说些什么,他像自己受了伤害一样安慰说,老弟你真不走运啊。心地纯洁的阿里先生是真正的卡纳克。是在当地人丑陋肮脏的屁股蛋之间的下水道效力的家伙。是选择把受人蔑视当作自己身份的家伙。"

这里我翻作"土耳其草"的词语原文是"Kümmel",指作为调味品的葛缕子(莳萝),有时也用来轻蔑地称呼从土耳其来的移民。虽然不存在"土耳其草"这样的日语词,但我认为它是虽不存在却有存在感的词汇。

查阅杜登出版社的德德辞典,据说"Kümmel(莳萝)"和"Türke(土耳其人)"构成的复合词"Kümmeltürke",是萨勒河畔哈勒市的一所大学很久以前使用的词语,指来自近郊栽培莳萝地方的学生。这样读着词语来历的说明,我发觉,原本那个让人感觉歧视的一方和被歧视的一方都被关入令人窒息的狭小黑暗空间里的歧视词,其实出人意料地含有多义性、丰富性和历史性。

三月十五日

小时候听过的流行歌曲,这几十年间不断沉入我移民记忆的底部，某一天它又忽然浮起。流行歌曲和你自己选择、喜欢听的音乐不同，不顾你本人的意志，印入你的记忆，因此，当它苏醒的时候，共同体的时间也一同苏醒，你被包围在并非由你个人选择的时代的色彩、气味和氛围当中。

我泡在"汤船（澡盆）"里（因为是德国的澡盆，所以应该叫バスタブ［浴缸］吗？可是，我不想拿汤船这个单词的美丽，与バスタブ这个日语外来词滑稽的声响交换），突然想起一句歌词，"飛んでイスタンブール（飞到伊斯坦布尔去）"。那是我还住在日本时的70年代的流行歌曲。我从澡盆里出来，上互联网搜索。有介绍说，这首歌是筒美京平作曲，千明哲也作词，1978经庄野真代演唱后，正式发布的。

"飞到伊斯坦布尔去"，我只想得起这一句。我还觉得下一句和它是押韵的，但究竟怎样的单词和イスタンブール（伊斯坦布尔）词尾是相同的呢？我很感兴趣，于是又在互联网上试着听歌，意外的是一首沉闷的演歌风格的歌曲，但是，开头寥寥数语就让情节显露出来的本领让人佩服。"いつか忘れていったこんなジタンの空箱ひねり捨てるだけであきらめきれるひと。"如果想用德语说明这句歌词的意思，首先需要把它改写成以下的日语。"わたしのかつての恋人がジタンの空箱を忘れていった。わたしはそれをひねってくずかごに捨てながら、彼のことをあきらめるのはこの箱を捨てるのと同じくらい簡単だと思った。（我曾经的恋人走时落下了'吉坦'牌香烟的空盒子。我一边将烟盒捏扁扔进废纸篓，一边想，对他死心，就像扔掉这烟盒一样简单。）"

当歌词里终于出现イスタンブール时，我不禁笑出声来。"おいでイスタンブール、うらまないのがルール（去伊斯坦布尔，不怨恨是游戏的规则）"。拜占庭文化与伊斯兰文化交错的伊斯坦布尔，与"不怨恨是游戏的规则"这样被爽快地收入流行歌曲风格中的日语句子，我脑子里还没有联系这二者的线路，所以让我目瞪口呆。

第二段里，刚刚和恋人分手的她，已经在憧憬结识新的意中人。这位女性为何特意去伊斯兰世界寻找情感对象呢？为什么不是巴黎或罗马呢？或许，将中近东作为虚构故事中的东方场景，包含了日本脱亚化的图谋。尽管实际上，二者的关系应该是，伊斯坦布尔位于亚洲的西端，东京位于亚洲的东端。

"我好喜欢伊斯坦布尔哟，反正是童话。"将伊斯坦布尔作为东方风格的舞台装置来使用，给平凡的爱情故事至少加入童话的味道，这种手法与电影《迷失东京》（*Lost in Translation*）[1]将东京作为东方风格的舞台装置来使用，并重新有所发现的做法，不可谓一点儿不像。

这首歌的旋律离不开我的脑海了。听一遍就忘不掉的旋律，在德语里叫"Ohrwurm"。"Ohr"是耳朵，"Wurm"是青虫啦，蚯蚓啦之类，没有甲壳、翅膀和脚的虫子。这个单词译成日语的话，就成了"ミミミミズ（耳朵蠕虫）"。

---

[1] 2003年上映的一部电影，由索菲亚·科波拉执导，斯嘉丽·约翰逊主演。

三月下

三月十六日

我在互联网上听一位阿拉伯裔德语说唱歌手的采访，他说话方式里的"气势"不禁让我听得入神。最近，我好像有受到"不良德语"吸引的倾向。这位阿拉伯裔说唱歌手的说话方式里有种叙述的节奏。不是他个人的节奏，而是让人感到他有同伴，是那种节奏。语法则相反，要迎合说话人的节奏，时而弯腰，时而俯首。对他来说，语言的法则不是指语法，而是要将自己带向情绪高涨的方向。这种倾向其实我也有，但在这一点上保持了种种的克制。

今年1月末读的《贫民窟德语》，里面写道，

"对某种语言的某个变种加以优待,对别的变种则给予蔑视,好像我们在社会上与周围的人打交道的过程中,这种习惯深深扎下了根。""有时候,只听发音就与某种刻板印象挂上钩,甚至不能好好儿地听取说的内容是什么,"作者维泽批评说。

维泽就贫民窟德语里频繁使用的"so"发表了一些见解,我读了之后,发觉自己也比平时更频繁地使用起这个词来。平常下意识地压抑自己,现在试着一用,发现这样讲话更容易。确认听者有没有跟上自己说的话,在抛出自己的意见之前,加入一拍的休止符,虽然有些犹豫,但是有效地抛出了话语的核心内容。另外,自己思想的节奏和德语语法之间产生了时差的时候,也可以加入"so"来调节。维泽将该贫民窟德语的"so",和英语的插入语"like"(不是作为意思为"喜欢"的动词)进行比较。"She's like really smart"这句话按我的方式翻译,就成了:"她,怎么说呢,真是聪明啊。""like"并没有像样的含义,但是在美国听年轻人谈话,这个词会频繁地飞入你的耳朵。

说"so"这个词时,经常带有暂且止步搜寻词语或稍稍犹豫的色彩,但说话人其实是明知故

犯,他自己清楚地知道想说什么,却故意用这种表达法,强调在"so"后面到来的词语。有时候,把想强调的词语,前后都用"so"围起来。这还未成为正式的用法,所以没出现在德语教科书里。如果让我想想日语口语里有什么与之类似的修辞法,那么说不定会是,"あの子ってええええ、なんていうかあああ、きもい、っていうかあああ(那孩子啊~,怎么说呢~,可以说是令人厌恶吧~)"这样的句子。结果强调出了"きもい(令人厌恶)"。

三月十七日

去年,读了金谷武洋[1]先生的《日语不需要主语》一书,深有同感。知道同一作者写有《英语里也没有主语》,上次去日本的时候买了回来。

80年代,我在汉堡大学日语强化班担任助教时,当时使用的教科书上写道,日语里没有主语,"わたしは(我怎么样怎么样)"中的"は",表示的不是主语,而是主题。这解释无论怎么想都令人信服,所以我没觉得它奇怪,欣然照单全收下

---

[1] 金谷武洋(1951—),居住在加拿大的日本语言学者。

来。"明日は詩を書くつもりだ（明天打算写诗）"、"詩は明日書くつもりだ（诗打算明天写）"、"書くのは明日だ（写诗要在明天）"、"書くのは詩がいい（写诗才好）"，如此这般，试着将宾语、表示时间的要素、动词等等各种各样的单词后面，加上"は"，将其作为主题。最后，将"わたし（我）"作为主题试着一说，"わたしは明日詩を書く（我明天写诗）"，发现这个"わたし"硬邦邦的。我感觉，除了被人问到，"我明天去河里游泳，你做什么？"之类的时候以外，"わたし"是"お呼びでない（不必要的）"。

因为这个原因，很长时间我完全忘记了，在日本的义务教育中，我们学到的是"わたしは本を読む（我读书）"里的"わたしは"是主语之类的事情。大概是将英语或拉丁语语法勉强套用在日语上，才成了那个样子，不过，母语的话即使不懂语法你也会写，所以不管强加给你怎样的语法都不怎么在意。

读着金谷先生的著作，还了解了用英语语法解释日语这种尝试的历史背景等等，非常有趣。

我现在虽然已不再作为日语老师教授日语了，

但是每周至少有一次,被人要求说明日语的语法。而且,不是向大学生或语言学家解释,而经常是必须向没学过日语的人,也从未就自己母语的语法思考过的人等等,在3分钟以内给出说明。因为不是学术会议,所以比起注意不要说错话,我更注重希望听者扩展他们对语言的感受方式。

日语里没有主语,也没有人称代词,"わたし(我)"和"彼(他)"都是名词。我总是这样断言。读了金谷先生的著述,明白那不是我没有根据的想象,松了一口气。当然,我知道有些语言学家主张不同的理论,但作为小说家,还是认为日语的"わたし"和"彼"都不是人称代词为好。

《英语里也没有主语》中写到,被看作是日语特色的现象,其实不那么特殊,而是在广大的范围内、各式各样的语言中都可见到的现象,反倒是英语,是向某个特殊方向极端化发展的语言。

据说,讨论日语语法时,川端康成的小说《雪国》经常被用作例证,金谷先生使用其中开头的句子及其英译本,做了一项试验。让日语为母语的人,读"国境の長いトンネルを抜けると雪国

であった（穿过县界长长的隧道，便是雪国）"这句日语原文的句子，并画出一幅画，他首先画的是昏暗的火车车窗，然后是能看见雪景的车窗。另一方面，给说英语的人看 E. 塞登斯蒂克（E. Seidensticker）有名的佳译"The train came out of the long tunnel into the snow country"，同样请他画一幅画，结果画的是从天空俯瞰钻出隧道的火车。

金谷先生讲解道，日语原文和英语译文都是用第三人称叙述，但叙述人的视角在日语里位于下方，在英语里则处于高空。我是不得不用德语和日语两种语言写作，所以我想变成一只擅长高空飞行的蜜蜂，时而停在火车车窗上，时而能在隧道遥远的上方飞翔。

三月十八日

从日本寄来的邮件，收件人地址写的不是"Taunus（陶努斯）大街"，而是"Anus 大街"。我觉得难以置信，看了好几遍，果真是那么写的。居然能送达。陶努斯是德国黑森州一个山区的名称，Anus 则是肛门的意思。

三月十九日

到底什么时候雪才会停？我对雪也已经厌烦了。

看到"わたしはあなたに本をわたす（我把书交给你）"这个句子，立即感觉"は"表示第一格，"に"表示第三格，"を"表示第四格。这是因为套用德语语法思维所致吗？在现实中，首先不会说"わたしはあなたに本をわたす"这样的日语句子。而是会说，"明日、本わたすから（明天，书交给你）"，或是"この本、返すね（这本书，还给你）"。

山口仲美[1]女士的《日本语的历史》一书中写道，到了镰仓[2]、室町[3]时代，"用格助词明确表示句子构造的倾向产生了"。在此之前，助词重要的作用是强调名词，例如"その竹の中に、もと光る竹ぞ一筋ありける（这些竹子中，有棵竹子的根部发着光）"[4]里的"ぞ"，并非表示主语或主格，而是让

---

[1] 山口仲美（1943年5月25日—），日本的语言学家。

[2] 镰仓时代（1185—1333年），以镰仓为全国政治中心的武家政权时代。

[3] 室町时代（1336—1573年），是日本史中世时代的一个划分，名称源自于幕府设在京都的室町。

[4] 此句出自《竹取物语》，该书是日本最早的物语作品，叙述辉夜姬被竹取翁自发光的竹中取出，由其夫妇所养育。

人感觉它发出敲打竹子那样爽快的声音,并强调着竹子。根据"系结"[1]法则,"ぞ"决定了动词的形式,所以我想它在语法上真是强有力啊。虽然强有力,但与格是没有关系的。单单强调名词的单词,决定了动词的形式,这在今天的德语是无法想象的。考虑到词类之间的身份差异,我想,要是将德语句子去语法化,姑且弄成文字的罗列,向词类间有等级差别的等级社会发起挑战,这样的试验也是不错的吧?

在德语里,人称代词和冠词都不能无视"格"。某男递给某女一本书时,摆脱不了男人是第一格,女人是第三格,书是第四格的命运。俄语基本上也是同样。可是到了英语,虽然人称代词有 I 和 me 以及 he 和 him 等区别,但是,就拿"书"这样的名词来说,我们只是根据它在句子中的位置,明白它是什么"格",而其本身既不像俄语那样改变形式,也不像德语那样通过冠词的形式表示格。

---

[1] 在古典日语中,句中如果出现"ぞ""なむ""や""か""こそ"等系助词时,句末需要用特殊的结句方法进行呼应,呼应关系即称为"系结"。

翻阅《现代诗手帖》2月号，发现登载有金子铁夫的诗歌。是一首表示格的助词非常少的诗。试着引用开头的部分，"発光、黴るコードひねりつぶしてジャンク、ジャンクなめまい、らんらん、らんらんに綱渡り脳、脱いでサワサワよろこびあふれてラブ、内実からさかしまに腫れて、腫れれば暴かれるトラウマちっくに作成された地図、その裏側で襞、ひだひだみだれて出会ってしまったナオコ［マトリックス体質］、キミは「痒いわあ痒いわあ」と赤味、帯びた疑問符アトピーを掻きむしりながら「歯も、歯もどこかへいっちゃったの奥歯からないの」って覗きこませた口腔内はdada,dada の密林が騒ぐから侵入（将发光、长霉的电线拧成破烂，破烂的头晕目眩，灿烂、灿烂的走钢丝的大脑，脱下来小声咕哝充满喜悦的爱情，从内里颠倒肿胀，肿胀后揭露出创伤制成地图，背面的褶皱，皱皱巴巴乱七八糟遇见了奈绪子［矩阵体质］，你边说'痒啊痒啊，'边抓搔发红问号的特应症，还说，'牙齿、牙齿也去哪儿了，连白齿也不见了，'让我看你口腔的内部，只见里面dada, dada的密林喧嚣后入侵)[1]"。无论引用多长都没有句号，终于在好不容易出现"が"[2]的地方歇手了。没有格助词，则接近于口语。但是，这里与其说是接近实际的口头语言，还不如说让人感觉到迎向书面语言动脉硬化前进的气魄。

为纪念吉原幸子[3]逝世十周年，该杂志同月号刊登她未发表的诗篇，其中一首名为《六月》，表示格的助词写得相当规矩。即使去掉"を"或"は"，意思也能毫不勉强地看懂，然而诗里创造出的韵律，因为有了格助词而沉稳。"郵便物をとりにいこうと　戸を開けると／濡れた羽根を不自然に折り畳んだハトが一羽／ポーチにうずくまっていた。(为了去取邮件　打开门一看／只见一只鸽子将沾湿的翅膀不自然地折叠在一起／蹲

---

[1] 关于这段诗，互联网上《　はどこにあるか 谷内修三の読書日記》(诗在哪里——谷内修三的读书日记)一文可供参考。"读了金子铁夫的《ナオコ……》一诗的标题，不明白写的是什么东西。读了诗本身，啊，还是不明白……我明白的是，诗里没有句号这件事……取而代之的是，有为数众多的逗号，这些逗号，比起'肉体'本身，唤起的更是'呼吸'的感觉……金子不是为了'获得'语言而写诗，而是为了抛弃'语言'而写诗。也许在抛弃语言的瞬间，诗才存在。"

[2] 日语中的格助词，表示它所附属的体言是主语或对象。

[3] 吉原幸子(1932年6月28日—2002年11月28日)，日本诗人。

在门廊上。)"

表示格的助词可以省略。"郵便物を"、"戸を"和"濡れた羽根を"里的"を",以及"ハトが"里的"が"可以省略。不过,"ポーチに"里的"に"表示的不是格,而是场所,所以不能省略。

同样是吉原幸子的诗,在同一杂志内国峰照子[1]引用的《无题》,反过来通过去掉表示格的助词,创造了一种韵律。这里引用开头的部分,"風 吹いてゐる/木 立ってゐる/ああ こんなよる 立ってゐるのね 木(风 在吹/树 站立/啊 这样的夜晚 站立着呀 树)"。

将两首诗比较着读,我的印象是,在有格助词的世界里有"我的家",邮政系统发挥着功能,有生活的韵律,家庭成员的角色一清二楚。但是,进入大自然,风一吹,格助词之类的东西就烟消云散了。

傍晚,去"德意志剧院(Deutsches Theater)"看话剧。先前,我给螺旋馆剧团的人发电子邮件说,"偶尔一起去看话剧吧。"结果他们很快替我搞到了莎士比亚悲剧《科里奥兰纳斯》(*Coriolanus*)

---

[1] 国峰照子(1934年12月24日—),日本诗人。

的戏票。这是讲战士之间权力斗争的故事,主人公的母亲出场,但父亲已经不在。虽然是有关战士的传说,但是全部角色由女演员扮演。男人为夺取天下而生,要作为丈夫、作为父亲保卫祖国,在诸如此类的神话完全消失之后的空间里,演员们一边小心翼翼地注意不要唤起历史大河剧式的"感动",一边一个劲儿地在台阶上上上下下。如此表现的权力斗争是无意义的,同时也是危险的。舞台上没有可以安安稳稳的地方,从舞台的左边到舞台的右边,墙壁高高耸立,直抵天花板。沿着墙壁设有台阶,一直到相当的高度,战士们紧贴着墙壁,在台阶上爬上爬下,一不小心好像就会跌到这边来,观众们一边观看,一边替她们捏一把汗。这部戏剧实在是把令人不安又索然无味的权力斗争的经过淡淡地展现了出来。

说台词的方式大多让人联想到叙事诗的朗诵,只有一个场景,演员面向观众席,吐露了当权者的真心话,"你们的事情我根本不在乎,我只想要你们的选票"。观众哄堂大笑。

三月二十日

昨天是话剧，今天也是话剧。今天是在少年监狱看服刑者表演的戏剧。虽然门票是免费的，但是必须提前5天，凭身份证明申请观剧。要经过审查，过去和服刑者"一起干过活儿的"人不得入内。

没有把手的四方形铁门，像拉门一样打开，进入监狱。还是头一次从里面看高墙上大螺旋形的铁丝网。不可思议的是，墙壁似乎比外面看起来要高得多。只拿上护照，手提包放入寄物柜。手机也不能带入。有一处地方检查身份证明，护照寄存在那里，完全空着手进入一幢建筑物。这座礼堂据说平时是做弥撒用的，没有装饰物，也没有窗户，墙壁和天花板都是一片漆黑，作为表演现代戏剧的空间，那是没得说了。

阅读观剧手册，里面写到，在少年监狱中服刑的340人里，四成是第一代或第二代移民。另外还介绍说，今天这场戏的演出者当中，没有以德语为母语的人。

首先，从一台巨大的磁带录音机中流淌出舒伯特《冬之旅》套曲中的《幻日》。没有比《冬之旅》更加多方面探讨犯罪者担负的问题的作品了，小册子中如此写道。这让我稍稍有些吃惊。我过去以为中产阶级靠在沙发上,边喝葡萄酒边听的就是《冬之旅》,这样看来我漏掉了重要的事实。

接着在舞台上展开了电影《西区故事》(*West Side Story*)式的故事,将他们自己创作的文本,用饶舌乐演唱出来。然后,几度插入由一群人同时朗诵的古希腊悲剧之父埃斯库罗斯作品《七将攻忒拜》中的台词。该剧组合了好几种性质不同的要素。素材多种多样,但主题只有一个。这件事我后来才知道。

演出者中很多人出生于土耳其或阿拉伯语圈,虽然在柏林经常听到那种"口音",但是听到以他们这种音调,传达埃斯库罗斯写的台词,不禁觉得,希腊悲剧里的出场人物,兴许和现在在我眼前表演话剧的青年们曾经很相似,难道不是吗?分成帮派互相争吵,如果受了敌人的侮辱,就和伙伴们联合起来,去进行报复。有时候还行使暴力,伤害对方,夺人性命。把舒伯特关在中产阶级的起居室里面,把希腊悲剧关在教育文库里面,都是不行的。这就是他们的故事。

该活动的目的是,通过表演话剧就"男性与暴力"进行思考,并通过学习探讨同一主题的传统文化,争取将来成为不用暴力也能够解决问题的人,小册子上如此写道。读到从恩斯特·哈尼施(Ernst Hanisch)的《男性气质——20世纪的又一历史》(2005年)当中引用的一段话,我倒吸一口凉气。"自尊心受到伤害的时候,不仅是憎恨的对象,连欲望的对象也想伤害、杀死,这种扭曲的自恋,是男性气质黑暗的阴影。"

该少年监狱的细目:致人重伤的青年占33%,抢劫的青年占30%,盗窃的青年占16%,杀人的青年占5%;刑期在3年以上的,大多强制遣返回本国,所以在此停留的期限并不长。本次活动不是将服刑者当作"没用的人"或"小孩子"来看待,而是想让他们自己思考,人为什么会行使暴力犯罪。

我的座位在入口附近,紧旁边站着一位身穿制服的看守,等到表演埃斯库罗斯那部分的时候,那位看守的脸上露出大为惊讶的表情,张开的嘴巴一时合不上了。我觉得很有趣,时不时地朝他那边偷眼观瞧。自己平时监视的不良少年们,竟能出色地背诵希腊悲剧的台词,看守是看到这个才惊讶的吧。

三月二十一日

上午我干自己的工作,到了下午,忍不住读起昨天发给我们的小册子来。昨天话剧结束后,安排有1小时的时间,让一百多位观众与参加演出的14名服刑者自由交谈。我以为是观众坐在座位上向演出者提问,结果不是,是有葡萄酒供应的冷餐会形式,观众与服刑者混杂在一起,自由交谈。我首先和活动筹划人以及导演聊了聊。导演是位女性,她像是完成了一件费力气的工作似的,神情非常疲惫。虽然她似乎也感到心满意足,但是疲劳好像并未因此而立即解除。

我和筹划人之一也聊了一会儿。对我提出的为什么监狱里移民多这一问题,回答是,"他们中的很多人未能与德国社会很好地融合,于是走上了犯罪的道路。"我在此译为"融合"的"Integration"一词,是在谈论移民问题时经常出现的关键词。然而,"Integration"和"Assimilation(同化)"不同,后者大多是指少数民族适应主流文化,而"Integration"的语感大多指不抛弃自己所成长的文化,而成为现在生活着的社会的一员。首先,最重要的是语言。因为不懂德语,所以跟不上学校的课程，找不到工作，走上犯罪道路，这种解释姑且能够理解。可是，虽然说是不懂德语，但并非真正不懂。他们每天说着德语，用德语吵架，用德语生活。尽管懂德语，但是就社会问题进行思考，对自己身上的问题用广阔的视野来考察，将这些传达给别人，这种语言他们不懂。大概正因为如此，本次活动的目标恰恰是通过学习希腊悲剧和舒伯特，让他们对暴力自己进行思考，并力求掌握能将自己的想法传达给对方的语言能力。这不仅是能流利说某种语言层面的语言能力，而是被放置到严峻的环境下，解决困难问题时所需的语言能力。

经活动筹划人的介绍，我得以与作为演出者之一的一位肯尼亚出生的青年对话。他是今天的演出者当中唯一的黑人，更因为演技高超格外引人注目。他本人也说，出狱后想上演员学校。向人撒娇似的微笑，以及绝对不相信他人、剜人胸口似的冷酷表情，在他的脸上交替闪现。然后，一个外貌像意大利南方人的青年走过来，对我说，"你从泰国来的？德语说得真不赖。虽然带点口音，但我不会在乎。"我一边克制让自己别笑，一边问他是哪里人。"在我成长期间迁移过太多的国家，所以籍贯什么的不知道了哟，"他回答道。刚才我听说这里有位吉卜赛青年，说不定就是他。

三月二十二日

今年年初在日本大使馆晚餐会上和我聊过天的柏林艺术节艺术总监托马斯·奥伯兰德，给我寄来现代音乐节的门票，是现在正在举办的"梅尔茨音乐节（MaerzMusik）"。

我提前到达"柏林艺术中心（Berliner Festspiele arts center）"，参观了设置在那里的坂口恭平先生的作品，"移动的房屋（mobile house）"。拾来的带玻璃的窗框，组合成采光性很好的房子，再加上四个小车轮，像售货车一样可以移动。我也想写一部用捡来的窗框组合而成、带车轮的小说。

大厅内的音乐会七点半开始。作品为史蒂夫·赖希（Steve Reich）[1] 大约十年前写的歌剧，歌手数人及管、弦、打击乐器的小乐队，外加贝丽尔·克罗特（Beryl Korot）[2] 的影像艺术。

---

[1] 史蒂夫·赖希（1936年10月3日—），美国作曲家，20世纪60年代晚期的四位极简主义音乐代表人物之一。
[2] 贝丽尔·克罗特（1945年9月17日—），美国影像艺术家。

这部歌剧没有剧本。对形形色色的人进行采访，并录音录像，以此代替剧本。首先，从录制的声音中，剪取某一段。例如，对于回答"I have no idea（我不知道）"的年轻人，将其中的"no"无限延长，只有这部分声音在空中划出一条曲线。像是依偎在这一抑扬顿挫之上似的，创作出旋律，并用乐器演奏。播放相应的视频部分，音乐覆盖其上，一边重复几遍，一边发生变化。

接受采访的有以色列的犹太人，巴勒斯坦人，以及美国人。使用的语言全部是英语，但是声响和节奏如此不同，以至于让人不敢相信那是一种语言。

对所有人采访的问题都一样，但回答则各式各样。"亚伯拉罕是谁？""撒拉是谁？""以实玛利是谁？""夏甲是谁？""以撒是谁？"

亚伯拉罕虽然爱妻子撒拉，但撒拉不能生孩子。撒拉劝丈夫与使女睡觉，繁衍子孙。丈夫照妻子的话去做，得到一子。不过，之后撒拉奇迹般地怀孕产下一子。两大永远对立的民族就此诞生。[1]

引用《旧约圣经》的时候，像用固定的节奏击

---

[1] 见《圣经·创世记》第16—21章。

打打字机键盘似的，故意用单调的语调朗读。不知道这是朗诵，还是歌曲。后面的部分变得让人联想到佛经，又像是饶舌乐。虽然不成其为歌曲，但和自然的说话方式又不同，是处于两者之间的朗诵，很有魅力。

这部作品长达 2 小时 10 分钟，起初给人的印象是步履轻盈、游戏心旺盛的实验性之作，但是在最后，巨大的宗教陶醉感包裹了大厅，实属出乎意料。

我刚才忘了写，这部歌剧作品的标题是《洞窟》(*The Cave*)。在我回家的地铁中，周围人们的说话声，有部分听起来像唱歌。

三月二十三日

我想再多看一些有关主语的书，于是读了月本洋的著作《日本人的大脑不需要主语》。里面谈到，只要想象身体的某种运动，执行该身体运动的大脑部分就会开始运转。好像会滑雪的人，读到有关滑雪的描述，滑雪时实际需要的肌肉就会激活。就在前不久，我刚听一位朋友说过，"去听鼓童[1]的音乐

---

[1] "鼓童"成立于 1981 年，是日本著名的打击乐团。

会，结果第二天肌肉发痛。"那么说来，所谓"用身体读小说"不是暗喻，而是自然科学家可以测定的现实了。如果巧妙地写出有关"伸展体操"的文本，光是读给卧床不起的人听，说不定也有望取得和活动身体相近的效果。

月本先生的书里，关于比喻，也写了一些很有意思的事情。据说，如果碰见通常不太使用的表达法，例如"蓝色的手感"，那么在通常表达法的情况下不活动的左脑额叶，这时便开始活动了。我从很早以前起，碰见"蓝色的手感"这样的表达法，就会生出巨大的喜悦。若说这种喜悦对我而言是种激烈的身体性喜悦，不想和任何东西交换，也不算夸大。说不定我因此选择了文学道路。

书中还写到，从世界范围来看，可以省略主语的语言占压倒性多数，几乎是6∶1的比例，倒不如说，没有主语就不好办的是少数派。因为我正在寻找写有这类内容的书籍，所以非常高兴。

也就是说，日语属于地球上平凡的语言类型，而我作为以日语为母语的人，又对德语这种非主流且有异国情调的语言钟爱有加。一想到这儿，感觉脚下的地球好像旋转了半圈。

三月二十四日

是因为我从昨天起开始读《日本人的大脑不需要主语》的缘故吗,大脑一带感觉刺痒。

我想,如果是日语的话,应该是"もう、お昼、食べた?(已经吃午饭了吧?)"这么问吧。因为对方在眼前,所以第二人称主语不必要。并非是在头脑中浮想起"あなた(您)"或"君(你)"之类具体的单词,然后再省略掉。而是一瞬间,心神飞入对方的面前。而这代替了人称代词。月本洋先生从能够由认知过渡到语言的大脑和不能进行这种过渡的大脑的构造差异,来解释说不说人称代词的差异。当然,不是说大脑天生就有差异,而是说视你以何种语言为母语,大脑的工作方式有所不同。说不定有人会误解"日本人的大脑不需要主语"这一书名。因为并不是说,由于遗传基因的缘故,生下来具有某种大脑,于是说话时不带主语。

那么说来,在 22 岁时迁移到第二语言环境的情况下,已经由第一语言固定成型的大脑,却要勉强一直说第二语言了吗?这事听起来似乎很累,但是我说德语的时候,好像没感觉特别累。

三月二十五日

自从开始写这本日记,我每天爬着稿纸的格子。比起在白纸上书写,在稿纸上写更有安心感。感觉是方格已然存在,我只需把它填满即可。这安心感就好比你不是在绘画,而仅仅是在涂鸦。

用手写字很快乐。能自己把想到的形状记录下来,这种理所当然的事情很快乐。既能添加注音假名,又能打上着重号,还能书写并不存在的字。电脑也能做到,有人会这么说吧,但是必须先查明怎样做,然后照葫芦画瓢。铅笔能把我想起的文字原封不动地抄到纸上。手写的话,不能自动变换汉字,所以回想不起来的字,不查辞典就无法写,然而不知为什么,这也让我感觉舒心。忘记的字就写不了。这种理所当然感让我舒心。无论有多少不认识的字,都会显现在电脑屏幕上,那是别人的游戏场。

输入字母H和A,确认屏幕上显示出"は"之后,连续按汉字转换键,直到"葉"这个字出现,这种做法,与其说是写"葉"这个字,还不如说像是在玩找到"葉"这一形状的游戏。

我读了今野真二先生的《百年前的日本语》一

书。其中谈到夏目漱石的亲笔手稿，令我高兴的是，里面有一幅我前不久刚刚重读过的《后来的事》亲笔手稿的照片。是装饰有两只龙头的漂亮的稿纸，设计得感觉像剧场里的临时舞台。我想读出漱石的字，可难为情的是，有些字我认不出。这么说起来，经常有德国人看到日本的挂轴之类的东西问我，"这上面写的是什么，"我却读不出来。读不出来很正常，可退一步思考，为什么在学校里不教学生认识各种各样的字体呢，我觉得有点不可思议。

今野先生指出，如果过度囿于某种具体表现的"字形"，那么其他"风格"的字体就认不出了。的确如他所说，从小学到高中，基本上是为了避免在汉字测验中吃叉叉，完全模仿教科书里印刷的铅字，光是这样已经耗费了全部精力，但是其实，每个字都有自己的历史，像变奏曲一样，有各种各样的演奏方法。一眼看去相当不同的字其实是同一个字，汉字的这种本质我没有掌握。我仅仅是会写模仿印刷体的字。这对于作家而言，真是不小的震动。

那个时代，似乎不仅是漱石，而是任何人对同一个字，时而用楷书、时而用行书书写。明治时代手写日语发生动摇的期间，就连漱石也逐渐让自己手写的逻辑，去符合报纸上印刷的铅字形状。今野先生清楚地阐明了这种过程。

昭和时代的文字已经与用毛笔写字的传统分道扬镳，转而模仿印刷体。文字一个个地填入稿纸的格子中。前一个字和后一个字之间没有连线。

对我来说，习字和书法是一种美术，但是这种工作，和喜欢写文章的我所从事的"写"，是毫无关系的。过去，我用铅笔像写印刷体那样地书写是快乐的。事到如今，我终于想起，不光是模仿印刷体写字，而是在用毛笔写字和用日语写作这两件事的接点上，通过笔，以新的形式作出尝试，要是能够这样该有多好啊。

据一位熟人说，最近德国的小学里，好像也让学生们别用手写体，而是用印刷体写字了。书信这种东西几乎绝迹，全都是电子邮件来往，所以看见手写文字的机会也几乎没有。

我在手写这本日记期间，发觉一件事情。即使整个上午面对电脑工作，力气完全用尽，可一转换到用手写，又能继续写下去了。铅笔在纸上涂抹的快乐产生出其他的力量，文章不是从大脑平时劳作的部门，而是从别的地方涌现出来。平常总是不得不高效地完成文本，接二连三地出货，现在我想暂时停止这种与时间的竞赛，再一次体味当小学生期间，在稿纸上用柔软的铅笔写出颜色深重的文字时的心跳感。

三月二十六日

这是发生在听柏林爱乐乐团音乐会后回家途中的事情。坐上归途的公交车，离发车还有一点时间，司机和同事正在闲聊。这时，一位头戴华丽的帽子、拄着手杖、六十四五岁的女性乘上车来，向那两人搭话说，"我有个事儿，问问可以吗？"我想她是打听这辆公交车去什么地方之类的吧，结果不是。"现在法兰西大街和弗雷德里希轻轨车站之间正在施工，地铁不通，所以临时改开公交车，对吧。可是，通知这事的车内广播里，法兰西大街的词尾应该用第三格才对，却用的是第一格，怎么看也觉得它在语法上是错误的。"

"Französischestraße（法兰西大街）"是由两个单词组成的。"französische"的意思是"法兰西的"，它所修饰的名词"Straße（大街）"是阴性名词，所以第一格的词尾是"e"，可如果前面插入介词"zwischen（在……之间）"的话，就成为第三格，词尾必须变作"er"。司机是因为不想和拘泥语法的大妈搭腔吗，把脸扭向一边，不理不睬，他的同事则微笑着回答说，"可那是口语啊。"这话并不能令语法大妈满意。"即便是口语，第三格还是第三格吧。本来第三格眼看就要消失了哟。"她的声音充满了热度。第三格和第二格的影子日渐淡薄，确实有这种倾向，可经常有人饱含着"祖国要灭亡了"这样的悲哀，说"第二格要灭亡了""第三格要灭亡了"，让我觉得挺有趣的。因为犹太人的缘故，祖国要灭亡了，德国人过去受过这种鬼话的蛊惑，现在深刻地反省，所以不说"祖国要灭亡了"之类的话语，但是在感情里，还残留有按照那种剧情情绪高涨的思想习性，所以有人一想到第三格和第二格——虽然那不是祖国——要灭亡了，就流下眼泪。我猜大概是这么回事吧。

或者，听到"错误"的语法，容易动感情的，在有教养、上年纪的人里尤其多，也许是因为母语语法是他们接受的高等教育的根基，一旦发生变化，保证自己地位的东西也要消失了，因此感觉不安。可是，语言就是会发生变迁的东西。说不定二百年后的德语里,第二格啦第三格啦,全都会不见。

三月二十七日

托马斯·曼[1]是位爱写长句子的作家。说到德语的长句,可能是使用关系代词,令句子变长的,大概有很多人是这么想的吧。在日语里,举例来说,"从去年春天开始每周通一次长电话互相倾诉恋爱烦恼的友人",仅仅这么写,句子已经变长,后面出现的所有名词,还可以用更多的信息拉长。比如,可以对这位友人,谈谈"从图书馆借来读却发现对自己的研究没有帮助于是堆在餐桌上结果咖啡洒出来弄脏了的书"的事情。

可是,在托马斯·曼的长句子里,使用关系代词而变长的比例并不高。

今年秋天,我将与高濑亚纪女士在"两国城市核心"大厦内的X剧院,举行以《魔山》为底本的钢琴加朗读的演出,为了撰写演出文本,今天我又重读《魔山》,注意到他描摹风景或是描摹意识流

---

[1] 托马斯·曼(1875年6月6日—1955年8月12日),德国小说家,诺贝尔文学奖获得者。《魔山》是其代表作。

的部分,句式非常之长。不用联结词,时而打上一个逗号就继续下一个主句,时而用破折号或分号,联结方式可谓是从容不迫。我故意将德语的标点符号原封不动,试着翻译如下。"10月开始了,像惯常开始新的月份那样——那种开始方式本身完全是谦虚羞怯的,一点响动都不发出,既没有征兆也没有标记,好像静静地偷偷靠近,换句话说,如果不是一种过着相当规律的生活的意识,几乎发觉不了的东西。其实,时间这种东西是不分阶段的,一个月的开始或一年的开始,并不是电闪雷鸣,就连世纪交替的时候,放烟花和鸣钟庆祝的也只有人类这样的生物。"

看了这部分的德语原文,能让人感觉到几个特色,而这些特色我原先认定是日语独有的优点。首先,不把作为主体的人类推到前面,而是以"10月"作为句子的主语。虽然在内容上将不划分时间的大自然和划分时间的人类进行对比,但是不使用表示对比的"しかし(可是)"等等的联结词或是类似的单词。以及好像合着呼吸似的,句子向前流淌。

这不是说托马斯·曼是日本式的,只是说我是通过日语学习语言之美,所以即使阅读其他语言,那种美也更容易映入我的眼帘。

刚才托马斯·曼的那个句子里，"10月开始了"当中相当于"开始"的动词，不是通常使用的"beginnen"，而是"anbrechen"。这一动词作为季节开始的意思来使用时，是富有诗意而优雅的表达法，但在日常生活中，是咖啡或牛奶用完了，打开新的包装盒时所使用的。正因为有这种日常的活力，这个词听起来才有趣。这个"anbrechen"不是设想直线形的时间，把新季节的开始当作这条直线上的一个点来看待。而是新的季节像波涛一样，冲破防波堤，汹涌袭来。

与此对应的，是译作"節目（阶段）"的"Einschnitte"（复数形式），该词从动词"einschneiden（切入）"转化而来。也就是"被切入的东西"。"節"不管是关节也好、竹节也罢，都不是被切入后形成的东西，所以或许应该翻译成"切れ目（分段的地方）"比较好。

将时间分段后才能理解它的只有人类，而10月的开始，其实是悄无声息地某种东西被打破，又有某种新东西显现。在日记里记上日期并心满意足的我，也只不过是那种将时间划分阶段的人之一。

三月二十八日

去年在北京陪我游览"798艺术区",又在我接受中国的经济日报采访时担任口译的清华大学宋溟先生,带着一位朋友来我家玩,他俩都是王老师的学生。听说,宋先生预定秋天以前都在柏林自由大学学习。

北京的798艺术区是利用工厂旧址建造的艺术园区,聚集了大批画廊、咖啡馆以及贩卖小手工艺品的商店。一起看着当时拍的照片,我说"不知为何有点儿像柏林啊",三个人都笑了。故意强调工厂生锈的金属和裸露的混凝土,这种感觉让人联想到德国。

1982年到达汉堡后,映入我眼帘的,有利用已经废弃的厂房开设的"Fabric(工厂)"音乐厅,"Kampnagel Fabric(坎普拿格尔工厂)"剧院等等,既刺激又有魅力。忙于工业生产的时代已经结束,我们迎来了在同一批建筑中生产文化的时代,这就是我从中领会出的信息。一百年前建造的工厂是砖砌结构,设计也宏伟漂亮。

1989年柏林墙倒塌后,原东柏林地区也开始将工厂作为文化空间来使用。2002年，我去"Kulturbrauerei（文化酿造工厂）"观看螺旋馆的戏剧公演，那里原来是一家啤酒厂。几年后，在汉堡和柏林，原先的工厂接二连三地进行时尚的改建，越来越难以用于无利可图的项目了。

听说，宋先生现在正将一本书从德语翻译为汉语。他说，用德语阅读时他能很流畅地读下去，也理解意思，然而，想要把它弄成汉语，却相当不容易。

我也经常有那样的经历。我读德语书时，并非一边在头脑中转换成日语一边阅读。忘记日语的存在，阅读起来反倒更容易。因此，重新要把它翻译出来时，词语浮现不上来，心里焦急得很。因词语浮现不出来而感觉痛苦，对作家来说太家常便饭了，所以光是那样还不会焦急。和写小说写不下去时的感觉全然不同，用德语能清楚理解的内容，用日语却完全表达不出来，就好像自己的右手突然不见了一样令人着急。

三月二十九日

我和朋友一起去附近的小电影院看去年英法共同制作的《安娜·卡列尼娜》。这家电影院比我前些日子看《汉娜·阿伦特》的那家还要小，门票折算成日元的话，大约 500 日元，电影院小到令你想买经营者亲自售卖的爆米花，照顾他的生意。

这部《安娜·卡列尼娜》的导演是乔·赖特 (Joe Wright)。我先前听说这部电影制作得像芭蕾舞剧，是以 19 世纪的剧场为舞台，心想务必要看看，却又多少有些担心，它会不会像通过录像看话剧舞台一样无聊呢？<u>丝毫没有无聊之处</u>。人们的活动和谈话的行进融合到一起，乘上芭蕾音乐的舞蹈。社交界这种东西就像是剧场一样的地方吧，一想到此，觉得与众不同的导演风格更有说服力。那么以后会不喜欢看戴着现实主义假面具的电影了吗，我反而又有了这样的担心。

主人公们去其他城市的时候，玩具火车在雪地中奔驰。这种可爱的幽默，与不久将要夺去安娜生命的火车车轮的大特写形成鲜明对照。

我第一次读托尔斯泰的《安娜·卡列尼娜》大概是在 20 岁左右的时候，现在回忆起来，自己当时就感觉到，安娜精神变得不稳定的过程，单单用"不得不与儿子分离""忍受不了社会冰冷的目光和疏离""沃伦斯基的心渐渐远去"等等的理由是无法解释的,而是一个可怕的无底洞。指责安娜的行为违背了上帝意志的人们,与其说是真正敬畏上帝,还不如说是将视线从人类充满欲望和郁结的心灵转移开去,把一切都托付给"上帝",勉强求得精神的安定。我觉得只能这么认为。我思考这些事情,说不定因为今天是复活节前的星期五[1]。收音机的新闻里说,新当选的罗马教皇为囚犯们洗脚。其中好像还有女性。我心想那又怎样,不过,假如安娜·卡列尼娜能得到罗马教皇替她洗脚,就不会自杀了吗?教皇也会为小说中的女性或是俄罗斯东正教的妇女洗脚吗?

因为是这样的宗教节日,所以广播电台请来各种各样的嘉宾,就最近流行的观点——节约而非奢侈更能丰富心灵——展开对谈。但是比起讨论的内容,"Weniger ist mehr"这一句子的构造更能引起我的兴趣。直译成日语的话,则成为"より少ないがより多い(少即是多)"。在日语里,通常接上短语"ということ"[2],变成"多いということ"那样的名

---

[1] Karfreitag,即基督受难日。
[2] 所谓的形式体言。

词，而形容词是不能直接作为名词使用的。这一点在德语里也基本相同，不过，在商店宣传等场合，时常看到"本店除了昂贵什么都有"之类的例子。如果是宣传词句，在日语里似乎也能那样用。"あなたの欲しいに答えます（响应你想要的）。""美しいと美味しいが出逢う店（美丽和美味相遇的店铺）。"把形容词作为名词来用，能吸引读者的注意。

在日语里，不仅是商业广告等特殊的场合，日常生活中也将形容词直接像名词一样使用，这样的日子说不定有天会到来。人们也许会开始说，"安いは高い（便宜即昂贵）"，而不是像原来那样说"安物買いの銭失い（买便宜货花冤枉钱）"。"ださいがまぶしい（丑陋肮脏是光彩夺目）"、"きもいがきれい（令人恶心是干净整洁）"、"しょぼいが雄々しい（没出息是英勇）"、"とろいが鋭い（愚笨是敏锐）"。我钻进被窝后，还在琢磨各种各样的例子，然后不知不觉睡着了。

三月三十日

1月末韩国年轻作家们来柏林时，为我们担任口译的 SN 女士邀请我共进晚餐。她平时作为德语—韩语的口译，从事法律方面的工作，但也喜欢文学，已经将英戈·舒尔茨的好几本小说译成了韩语。英戈·舒尔茨出生于原东德，和我是同一代的作家，他从文学上探讨德国统一的问题，大约两年前，我和他一起在首尔参加活动时，韩国的读者和记者就"统一"向他提了各式各样的问题。据说，韩国曾经是世界上德国文学学者最多的国家，但是在普通民众中，对于"分裂为两半的国家重新合为一体会如何"这样的问题，关注度也很高。

听说，SN女士决心去德国时，家人强烈反对，说："德国人比日本人还残忍，别去。"坐在旁边的SN女士的德国丈夫，边笑边点头。"在韩国经常听到有关日本人的坏话，但是来到德国后，碰到的日本人净是好人。"SN女士说完后，露出了微笑。

可是，我们不能光听别人说自己是好人，便就此心安理得了。我谈起前些时候看过的电影《汉娜·阿伦特》。将纳粹政权下的德国人置换成第二次世界大战中的日本人来看，一切就很明白了。既不是恶魔也不是天使的平凡的日本人，被征召入伍，一旦停止用自己的头脑思考事情，就犯下了残暴的杀人罪行。去别人国家，毫无理由地杀害大批无辜的人们,战争一结束,又无动于衷地说,"那是战争,所以没办法。自己只是服从命令。"可怕的不是像恶魔一样的坏人,而是所谓的"好人",在国家的命令下,也会杀人,这才是真正可怕的。

又谈到语言的话题。SN女士说,德语的物主代词使人心烦,时常让她忍受不了。据说,她一听到"我在我的冰箱里有一瓶啤酒"这种极其普通的德语表达法,就忍不住想大喊,"谁也没问你冰箱是谁的之类的事情吧。"确实,在日语里也不说"我的冰箱",没有自己拥有冰箱中的啤酒这种"主语加动词"的语感。"冰箱里有一瓶啤酒"这样的说法比较普遍。

选择啤酒作为例子正合适。表达"那是你的问题,跟我没关系"时,德语是说"Das ist nicht mein Bier(那不是我的啤酒)",或是"Das ist dein Bier(那是你的啤酒)"。

三月三十一日

今天是个有很多汉字想不起来的日子。说不定是天气的原因。一查辞典,发现有的汉字很简单,刚才想不起来真是不可思议,也有的汉字复杂得要像描地图一样来抄写。

  我从小学的时候起就非常喜欢读写汉字,然而也经常把汉字搞错。不过,最近把汉字搞错的方式是以前没有的。想写"助词",却写成了"序词",慌忙用橡皮擦去。想写"练习",却写成了"连习"。不知为何,这种错法让人联想到假名转换成汉字时的错误。也许是使用计算机时大脑习惯的缺陷传染了过来。

四月上

四月一日

整个上午都在德意志歌剧院参加关于瓦格纳[1]的专题讨论会。我先回了一趟家,从傍晚4点起又有歌剧《帕西法尔》上演,于是又和朋友一起去观看。瓦格纳自己编剧并谱曲,但是他的文体时常让我起鸡皮疙瘩。是毛骨悚然还是万分感动,我自己也不清楚。好像一种人造语言,我想称之为伪日耳曼古文体。强行编造出一个崇高的古代,与有这样强烈欲望的自己,作者哪怕是保持一丁点距离,我

---

[1] 威廉·理查德·瓦格纳(1813年5月22日—1883年2月13日),德国作曲家。

们就可以将其作为现代文学来阅读,结果并非如此。说到现代文学,也许听起来像是在谈相当新的东西,但我想说的是《唐·吉诃德》[1]以降的文学。塞万提斯已经在元层面对骑士小说这种体裁提出挑战,瓦格纳却还在一本正经地写骑士故事,这让我十分惊讶。

《帕西法尔》是有魅力的作品。共同体的创伤和医治这创伤的英雄的登场。这英雄是一位圣洁的愚者,让人联想到陀思妥耶夫斯基的《白痴》。他懂得通过同情心拯救共同体。"Durch Mitleid wissend, der reine Tor!(一边通过同情心得着智慧,纯真的愚者啊)"这一短语重复了好几遍。它不是谁做了什么事情那样的句子。没有谓语动词。将"知道"作为谓语动词也可以,却不那样做,而是采用"一边如何一边如何"的形式。"一边知道"的话意思不太明确,所以试着译成"一边得着智慧"。纯真的愚者这一稍显矛盾的主体,因为没有动词,所以与其说是主语,不如说是像呼唤一样浮

---

[1] 《唐·吉诃德》是西班牙作家塞万提斯于 1605 年和 1615 年分两部分出版的反骑士小说。

在空中。

瓦格纳选用了在他的时代听起来就已经非常陈旧的文体。比如将第二格置于句首的结构，在歌词中并非没有这样的例子，但像《帕西法尔》那样有意地频繁使用，则让人产生疑虑。

> Des Weihgefäßes göttlicher Gehalt
> Erglüht mit leuchtender Gewalt;
> 纯洁圣杯的上帝真价
> 带着闪耀的威严熊熊燃烧

在日语里，说"那女人的鞋子"时，一般也是"那女人的"放在"鞋子"的前面，所以按普通方法翻译，说明不了该倒装句的特殊性。在德语里，第二格放在句首，存在感加重。在现今的德语里，第二格即使不放在句首，好像分量也已经很重，所以避免那么用。虽然有"wegen（因为……）"这类必须搭配第二格的介词，但是在口语里使用第三格的人越来越多，第三格也不算错误了。所以，听到有人故意强调第二格时，仅此一点，就好像听到有人在喊："救救祖国！"

《帕西法尔》探讨了"医治"共同体创伤的英雄之出现这一主题,但瓦格纳不是那种玩语言游戏,博观众一笑的作曲家。他将"wund(受伤的)"和"Wunder(奇迹)"合在一起,创造出"wund-wunderbar"这一全新的形容词,但丝毫没有重复是快乐的意味,反倒有种压迫感。

我杂七杂八写了很多,不知怎的好像在发牢骚似的,其实我并非讨厌瓦格纳。

四月二日

每天、每天,我都在重读、推敲《雪的练习生》的德语版,今天终于到达最后一行。可是,我感觉不经过第二遍推敲,还是达不到自己想要的水准。

在令人不耐烦的地方,想采取抄近道的表达法。对表达本身感觉喜悦时,又想迂回着来。但是,用于绕远路的时间不能说是无价值的。说到写文章的时间,感觉它不存在"客观的长度",什么无价值什么有价值,很难判断。

打开收音机,电台主持人在问孩子们,将来想从事什么样的工作。有个孩子回答说,"想干某种 kreativ 的工作。"这让我吃了一惊。假如这孩子刚才说想成为画家，我倒不会吃惊。最近几年在德国，"kreativ"（即英语的"creative"）一词的用法发生了变化。写诗或创作美术作品的人，是不会说自己"在从事创造性工作"之类的话的。倒不如说，认真致力于艺术的人，对"独创"啦，"创造"啦等等的概念，是要打个问号的吧。"我从事创造性的工作，"一脸泰然地如此说话的人，是在电脑公司负责设计的人，或是在服装公司从事设计的人。也就是说，在制造畅销商品的公司内，负责从视觉上魅惑买家的人，成了从事"创造性"工作的人。

四月三日

把认识到的事情，按照认识的顺序用语言表达出来，即使你想这样做，也做不到。例如，"A和B虽然不像，但一看到A就想起了B"，顺序似乎很自然，但是其实，这只是从整体上把握、整理之后进行的说明，从这句话里我们感觉不到说话人在感知、迷惑、思考、理解的气息。姑且追随认识和思考的流动，试着按照那样的次序来表达，则变成，"一看到A我就想起了B。总觉得不可思议。因为两个人完全不像。"可是实际上，在看到A想起B的瞬间，说不定已经发觉两个人不像的事实。句子只能按线状来写，但是在脑子里却有好多条并行车道。

在德语里，可以在"一看到A就想起B"这一主句结束之后，使用连词"obwohl（虽然）"，在句尾加上从句，成为"一看到A就想起B，虽然A和B并不相像"。但是与之相比，把从句插在中间，"一看到A，虽然A和B并不像，却想起了B"这样的说法，让人感到说话人能在较长的时间里，同时记忆多件事情，虽然进入了种种的小胡同，但是到最后也没忘了当初想干什么。不知是不是这个原因，后一种句子给我的印象很好。

四月四日

飞往卢森堡。在机场里和飞机上，我读了井上厦的随笔集《私家版日本语语法》。作者小时候在某地方的小学上学，他自称是位于"东北方言圈内"，但没有给出具体县名，校方想让孩子们弃用方言，转而使用标准日语。教务主任让孩子们讲话时加入格助词的场面，让我觉得非常有趣。"大家为什么像'オレ、腹减った（我，肚子饿）'这样说话呢？为什么不能完完整整地说'オレは腹が减った'呢？"教务主任训斥说。

作者引用《伊势物语》[1]和《今昔物语》[2]中的例子，说明古代日语里不太使用表示主格或宾语的助词[3]。

不仅限于过去和方言。现在东京的口语里，一般也是用"俺、腹减った"或"お腹すきませんか？"之类的说法，反倒是"オレは腹が减った"或"あなたはお腹がすきましたか"的说法更适用于特殊场合吧。"我啊，是真的肚子饿。没有工作。也没有钱。我真是个没用的男人"，你若是想这样戏剧性地说话，一一加入格助词也可以。但如果是对朋友说，现在肚子稍稍有些饿，吃点东西吧，这样的时候，不加入格助词也行吧？

抵达卢森堡机场，这里残雪未消，和柏林差不多冷。一位居住在蒂永维尔（Thionville）的日本女性和蒂永维尔的市长助理开车来接我。卢森堡是与德国、法国、比利时接壤的独立国家，蒂永维尔则是离卢森堡大约有 20 分钟车程、人口四万左右的

---

[1]《伊势物语》，日本最早的古典文学作品之一。
[2]《今昔物语》，日本平安时代末期的民间传说故事集。
[3] 这里是指は。

法国小镇。该镇从3年前开始举办名为"Festival Frontières（国界节）"的文化节，思考有关国界与语言的问题。一个人口只有4万左右的自治体，却能从世界各国邀请来众多人士举行文化节，真是难以置信。

将行李放在旅馆里，稍事休息后前往录音棚，我用日语朗读自己的作品《嫌疑犯的夜行列车》片段，请人录制下来。这录音好像是要和音乐一道用于舞蹈表演。我听说那是以《嫌疑犯的夜行列车》为原型的舞蹈表演，但到底是怎样的东西，实在摸不着头脑，不过因此更令我期待。从录音棚里给舞蹈设计师打电话，询问按什么风格朗读为好，回答说，"希望像与什么人亲切攀谈那样地朗读"。这意外地有点儿难。《嫌疑犯的夜行列车》是用第二人称写的小说，主人公是"你"，然而，到如今我才意识到，它不是对着面前的你说话那样的文体。它不是以"我"在这里为前提，而有"你"的。我在家试着朗读时，那朗诵方式有仿佛车轮撞击钢轨吱嘎作响着前进的金属感，所以，现在把这转变为与面前的人亲切攀谈的方式，实在困难。

完事之后，先前提到的日本女性带着舞蹈设计师、女舞蹈演员还有我，一起去一家情调不错的咖啡馆。在咖啡馆里，一边品尝着梨子蛋糕，一边聊天。

舞蹈设计师说，他选择《嫌疑犯的夜行列车》的理由之一是，小说的主人公是舞蹈家。听他这么一说，确实是那样。我回想起来，尽管当时本没有打算写舞蹈家的故事，但写着写着，觉得主人公的职业只能是舞蹈家。

我自己虽然不跳舞，但是想把语法和文体当作舞蹈一样的东西而非规则和形式来把握。

男舞蹈设计师和女舞蹈演员一句日语也不懂。我今天录制的日文朗读，他们会如何使用呢，真令人期待啊。

四月五日

被邀请去镇上高中的德语班。蒂永维尔是位于国境线附近的小镇，无怪乎上德语课的学生比例比法国全境的平均值要高得多。德语老师是位年轻的法国女性，听说她丈夫是德国人。据说，她和学生一起读过我的诗集《Abenteuer der deutschen Grammatik》（《德语语法的冒险》），上星期已经在班级上讨论过一次。老师好像希望学生们不仅就这本书，还要就核电站事故向我提问。

据说，这位老师还将德国《明镜》周刊中有关核电站的报道作为教材，与学生们在课堂上一道阅读。法国和德国是邻国，但是与核电站相关报道的内容却有很大差异。即使内容相似，读完之后留下的印象却大相径庭。毕竟这座小镇上就有核电站，孩子们出生后，一边看着它一边长大成人。药店里常年备有够全镇人购买的碘片，防止碘辐射。所以，他们不想相信核电站有危险这样的话。福岛核电站事故虽然让人震惊，但灌输给人们的观念是，那是因为日本的技术水平低下，法国不会有事故。

只依赖于用母语获得的信息是危险的。我想，学外语的理由之一正在于此。如果在第二次世界大战期间，有许多的日本人将美国的报纸和日本的报纸比照着来读，战争会更早地结束，难道不是吗？我的意思不是说美国报纸上写的东西正确。而是说发现写的东西差异太大，仅此一点就迫使你用自己的头脑思考，产生怀疑一切的意识。我认为这才是重要的。

四月六日

上午 10 点。文化节的开幕式。巨大的会场坐满了观众。主办者致辞之后,冰岛作家、希腊作家还有我,每人有 10 分钟的朗读时间。我们 3 个人都是女性。希腊作家因为感冒,几乎说不出话来。以前,我也曾经每年大概有一回因为发不出声音而为难,知道是暖气的原因后,到了冬天,我时刻注意保持喉咙湿润。

然后是各色人等的致辞,还有冷餐会。

下午观看《嫌疑犯的夜行列车》的舞蹈表演。不是让舞蹈随着气氛流动,而是语言段落一样的东西变成了一个一个关节的运动,所以觉得效果特别好。时不时地传出我用日语朗读《嫌疑犯的夜行列车》的声音,感觉那像是铁道钢轨在远方吱嘎作响的声音。还插入了别人朗读的法语译本。

坂井·塞西尔先生从巴黎赶来。虽然活动的名称是"巴黎的日本文学教授有关日本文学的演讲",但是地点竟然在咖啡馆内,起初我有些担心,"在这样的地方,能安下心来听演讲吗",结果相当不错。人们不断地聚集起来,或坐在椅子、沙发还有吧台前的圆凳上,或身体靠在墙壁上,全都热心地听着讲话。柜台里咖啡机冒着蒸汽，中途还有母亲推着婴儿车进来，里面坐着兴高采烈的小宝宝。在这如此喧嚣的世上仍对文学感兴趣的人们，侧耳倾听有关文学的谈话。我想，是他们的专心酿造出了这里的氛围。我把自己知道的法语单词和专有名词拼接起来，一边想象他说的好像是这个意思吧，一边听着演讲，从中得到莫大的乐趣。

晚上有场葡萄牙民歌音乐会。歌手看上去是位刚强的女性，身材瘦削、头发卷曲，据说是居住在法国的葡萄牙裔移民。弹吉他的，一位是上年纪的老手，另一位是略显懦弱的年轻男子，女歌手说后者的音弹错了，中断了歌曲，从头再唱，第二遍又停了下来，说还是错的。歌曲第三次中断时，连坐在下面观看的我都感觉胃疼。然后，歌手和吉他手开始争吵，最后弄明白是歌手误会了。她满不在乎地说，"抱歉抱歉"，说完哈哈大笑。刚才那样地欺负人，知道完全是自己的误会之后，还能这么从容不迫。另一方面，弹吉他的年轻男子，即便在知道自己是正确的之后，还是一脸受伤害的表情。一切都是音乐会正式演出时发生的事情，说不定他们是想说，这才是真正的表演。

四月七日

在能够近距离看见核电站的旅馆顶楼有一场活动：一边吃早餐兼午餐，一边听有关库尔德语的演讲。在德国也住着大批因为在土耳其受到迫害而逃亡来的库尔德人，但是库尔德语和土耳其语不同，属于印欧语系。列举各种各样的例子强调这事的演讲者的心中，也许有着"所以欧洲必须保护库尔德文化，不受伊斯兰文化侵害"的想法。

据说，讲库尔德语的人分散在中近东各国以及德国和法国，全部加起来超过以色列与巴勒斯坦的人口之和。我以前没想到会有那么多人说这种语言，所以有些吃惊。但是，口音很重，据说两个都讲库尔德语的人相逢，也经常听不懂对方在说什么。不过，同为讲库尔德语的库尔德人这种向心力非常之强，因为受到迫害而愈发强烈，如果没受迫害，或许有所不同，来法国已经很长时间的库尔德裔语言学者略带微笑地说道。似乎此人对库尔德语明显是有感情的，但他没有爱国之心（因为不是国家而是语言，所以应该说爱母语之心吗）。如果看到他对"母语"像对"祖国"一样崇敬，小题大做地悲叹母语受到"迫害",即将"灭亡",我想插嘴说,"那不是一回事吧?"然而他丝毫没有那样做。

曾经将我的几本书从德语翻译为法语的伯纳尔·巴努恩先生,昨晚从巴黎过来。他是索邦大学的德国文学系教授。我的活动安排在下午,地点还是一家咖啡馆。采用三人对谈(鼎谈)的形式,坂井和巴努恩先生轮流向我提问。坂井先生用日语向我提问题,然后将我的日语回答替听众翻译成法语。巴努恩先生接着用德语提下一个问题,又把我的德语回答翻成法语。如此交替进行。这种三人对谈,好像一边和右边的人打羽毛球,一边和左边的人玩投接球的游戏,很有意思。

我和巴努恩先生说话时,身体转向那边,尽量不看坂井先生的方向。看到坂井先生脸的话,脑子里的日语开关会自动开启,陷入混乱。相反,和坂井先生说话时,我不仅是脸,连整个身体都转过去,尽量不让巴努恩先生进入视野。看到巴努恩先生的脸,德语开关会打开。并非因为那是西洋人的脸。和这个人要用德语说话,这样的事情和他的脸一起记录在脑海里。即使对方是韩国人或中国人,假如平常是用德语交谈的,那么也是用德语登记在脑子里的。即便对方是美国人，假如平常用日语交谈，那么就用日语登记。

三人对谈结束后，因为还有其他的工作要忙，坂井先生立即赶往火车站，乘电力列车返回巴黎。我和巴努恩先生坐上来接我们的轿车前往卢森堡，明天在那里有活动。

四月八日

卢森堡的官方语言是德语和法语，卢森堡语是民间语言。在家里，大部分人说卢森堡语，所谓卢森堡语——如果允许我这么说的话——把它想象成一种德语方言比较容易理解，即摩泽尔河畔弗兰肯地区所说的一种方言。因此，对于这里的小孩子来说德语更为简单吧。小学低年级时，理科等科目全部用德语授课。当然也开设法语课。大约四年级时，理科突然转为用法语讲授。"虽然喜欢理科，但是转为法语的那年，变得什么也听不懂，真是辛苦。"有学生这么说。有三种母语，而且不是某个人由于个人特殊情况熟谙两种语言，而是希望全体人民将三种语言掌握自如。这一点又与瑞士有所不同。瑞士的法语地区是不会用德语教授理科课程的。

傍晚是面向一般公众的朗读会。我朗诵德语，巴努恩先生朗诵法语译本，几分钟轮换一下，这种朗读方式对卢森堡正合适。两人朗诵的文本时而全然不同，时而完全一样。此前我在法国各地用同样的方式举行过朗读会，但因为是法国，所以不懂德语的人当然也很多，于是巴努恩先生不得不插入种种的说明，可是在卢森堡，只让听众听到德语或是法语就可以了。因为这个原因，法语译本本身从"因为不懂外语所以请懂的人翻译"这种权宜的角色中解放出来，到达了"品味变化为多语言的文学作品本来的多语言性"这种境界。听众对语言的兴趣也非常之高。

四月九日

回到柏林。晚上，有朋友说从别的朋友那里搞到了门票，请我一起去，于是决定奉陪。这场音乐会是作曲家维尔纳·理查德·海曼[1]的歌曲，由歌手

---

[1] 维尔纳·理查德·海曼（Werner Richard Heymann，1896 年 2 月 14 日—1961 年 5 月 30 日），德国作曲家。

达格玛·曼策尔[1]演唱，歌曲与歌曲的间歇，由演员朗读文本，让人浮想起海曼的一生。这位演员竟然是前些日子在《樱桃园》中扮演陆伯兴的 RG 先生。此人与歌手达格玛·曼策尔是夫妻，朋友向我透露。

作曲家海曼也写有很多电影配乐，其中电影《龙翔凤舞》（*The Congress Dances*）的插曲《这是唯一一次》（*Das gibt's nur einmal*）的旋律，只要听过一次就会永远萦绕在你的耳际。自高中时从 NHK 广播电台的德语讲座听到这首歌以来，我一刻也不曾忘了那曲调。歌曲开头，"我在哭泣吗，我在欢笑吗，我在做梦吗，我醒着吗"中"我"的那部分，每一次声音落入山谷，立即陡直上升，然后又向下坠落时，我都像乘云霄飞车一样兴奋。

四月十日

昨天从卢森堡带回的行李箱原封不动放在房间的一角，拎起预先装好的另一只皮箱，飞往威尼

---

[1] 达格玛·曼策尔（Dagmar Manzel，1958 年 9 月 1 日—），德国女演员。

斯。直达航班的话，两小时都不要。在飞机上我开始重读《威尼斯之死》。如果译成"ベネチアに死す"，一共七个字，说到七个字，那是俳句等短诗的基调，但不知为什么感觉多了一个字。六个字的"ベニスに死す"[1]，音调和谐，这是为何呢？

这部作品中，托马斯·曼的文体黏黏糊糊，别别扭扭，有些地方像开始腐烂的苹果。我强忍着读下去，结果在美少年出现的瞬间，突然变为流畅的文体。这是"解放"的快乐。

到达威尼斯后，文化节有关人员来接我，与差不多同时从巴黎抵达的阿多尼斯[2]一起，乘上水上的士。这是叙利亚出生，被称为阿拉伯语现代诗泰斗的人物。很久以前我听过一次他的朗诵。水上的士豪迈地扬起水花，超过游览船，像皮球一样在水面弹跳着前进。

"今天报纸上写着，朝鲜好像将核导弹对准了日本，"阿多尼斯说。"普通炸弹击中核电站也能起

---

[1] 日语ベネチア和ベニス均指威尼斯。
[2] 阿里·艾哈迈德·赛义德·伊斯比尔（1930年1月1日—），笔名阿多尼斯，叙利亚著名诗人、思想家、文学理论家、翻译家、画家。

到相同的效果,所以不用特意制造核导弹之类的,这样还能节约金钱呢,"我如此回答,是因为眼前的这位人物有着高度批判性的黑色幽默,促使我说话也和平常有所不同。

18世纪末,歌德业已在《意大利游记》中写道,关于威尼斯,已经有各种各样的人写过各种各样的文章,还有书籍出版,所以自己不打算在此详细记述了。那么理所当然地,如我之辈也没什么可写的。

四月十一日

昨晚在招待会上,我听见背后有位女性用非常嘶哑的声音说话,回头一看,是几天前在法国见过的希腊作家。"感冒好些了吗?"我问道,对方也认出是我,笑嘻嘻地回答,"好了一点点。"像断了线的气球在全世界飞来飞去的作家们,偶然在某地重逢,这是常有的事。

今天,达妮埃拉女士来接我——她的专业是日本学,几年前也曾承蒙她照顾——带我去她最喜欢的商店,使我得以逃脱旅游景点的喧嚣。

我又浏览了一遍文化节的节目单,下午去听了南非作家的演讲。我去过两次南非,对南非荷兰语很感兴趣。根据这位作家的讲解,当时开始在南非居住的荷兰人,为了让当地的佣人能够理解,将荷兰语简化后使用,因此,比起本土的荷兰语,南非荷兰语发展成为在语法等方面更简单的语言。我感觉这一说明不对头。此前,我在德国和美国的文学节上,听过南非荷兰语的诗朗诵,几度被其音乐上的丰富多彩和微妙细腻迷倒。将南非荷兰语的起源,解释为"为了让佣人能够理解而简化的"荷兰语,那么对有些部分就会视而不见,难道不是吗?

荷兰人也造访过江户时代的日本。如果当时在出岛[1]有更多的荷兰人长期旅居,那么说不定会产生所谓的出岛荷兰语。出岛上的荷兰人不光是进行贸易。从1799年至1817年,在出岛逗留的荷兰人亨德里克·多夫(Hendrik Doeff),不仅学习日语,编纂辞典,还写俳句,现在仍被誉为"第一位写俳句的西洋人"。应该称他是出岛的母语外作家吗?

---

[1] 出岛是日本江户时代长崎港内的扇形人工岛。1641年到1859年期间是荷兰商馆所在地。在锁国政策实行期间,出岛是日本对西方开放的唯一窗口。

四月十二日

有一场活动,由教授日本文学的意大利老师和教授德国文学的意大利老师共同担任采访者,让我就唯一翻译成意大利语的小说《うろこもち》(鼹鼠)进行讲述。我不太喜欢"イベント(活动)"这个词儿,但将自己的讲话说成"お話"[1]则显古怪,而且也不是演讲,所以我不清楚应该怎么称呼才好。

两位老师用意大利语向我提问,由同声传译译成德语,我通过头戴式耳机收听后,用德语回答,再被翻译成意大利语。自己讲话时必须将耳机从头上摘下来,这种奇怪的音响技术问题意外地让人犯难,我好几次都搞错。

就身体和语言的关系,我谈了很多。我开始将不是母语的德语作为日常用语后,产生了全新的身体感觉。也就是说,一边噘起嘴唇、活动舌头、咽下分泌过多的唾沫、时松时紧喉咙,一边发出一个个单词的音。我想,实际上,我们刚开始说母语的时候,情况也是一样,然而4岁以前的事

---

[1] 日语中在名词前加"お"表示对对方的尊敬。

情,我们回忆不起来。那是一种奇怪的感觉,好像在 4 岁时大脑更换过一样。我想,如果我们从诞生的瞬间就能记住发生的一切,那么就会明白,作为哺乳动物接触人类的语言文化是怎么一回事。《雪的练习生》的主人公们是熊,说不定也反映了我个人的这种兴趣。

四月十三日

达妮埃拉女士带我去一个有座亚美尼亚教堂的小岛,然而只能在指定的时间进入教堂,知道这个以后,两个人在岛上茫然眺望水面,等待船只到来。其间,一艘小船在警用快艇的押送下,抵达码头。一上岸,两位警官对船上男子展开盘问。警官们远去之后,达妮埃拉立刻走近那男人,问发生了什么事。好像是警察检查的时候,他没有携带小船的驾驶执照,因此被叱责了一番。

然后,我们参观了圣乔治教堂。博尔赫斯[1]迷

---

[1] 豪尔赫·路易斯·博尔赫斯(1899 年 8 月 24 日—1986 年 6 月 14 日),阿根廷诗人、小说家、散文家兼翻译家。他说写小说和造迷宫是一回事。博尔赫斯用来建造迷宫的材料是文本,文本中的迷宫是用语言、地理、历史、逻辑演绎与个体身份等元素拼接成的。

宫相当有趣。不按他名字的书写顺序，就走不出迷宫。这似乎很有参考价值。我心中浮现出一个创意，试着写一部小说，让读者不循着某一名字的线索就走不出来如何？

下午在文化节的会场听一位印度作家的演讲，此人用英语创作以中国为舞台的小说。"有读者抱怨说，我写的小说里，有太多不明白是什么意思的单词，然而，那是那块土地上事物的名称，所以没办法。"作者解释说。据说，他自己年轻的时候，曾入迷地阅读欧洲小说，里面好几次出现"卡布奇诺"这一单词，这到底是什么东西呢，实在摸不着头脑，然而，他是一边从该词语中感受着喜悦，一边阅读的。直到很久以后来意大利，才第一次喝到"卡布奇诺"。

不能使用一般读者不理解的单词，这种观点确实有点奇怪。有一种东西叫作小说语言的丰富性，它是和读者的知识无关的。小说中的语言，既不能买，也不能吃，还不能消费。读者只是阅读里面的东西，而且语言也不会因为有人读过而削减，所以那丰富性会永远留存。我们只需玩味接触那丰富性时的喜悦就行了。如果有不理解的单词，可以置之不理，也可以查辞典。对小说来说，读者不是顾客。丝毫没有迎合顾客、使自己贫乏的必要。

四月十四日

与达妮埃拉女士以及她的两位日本朋友一起去托切罗岛（Torcello）。那两人是同乡老友，听说一位住在阿姆斯特丹，另一位住在日本。"同乡？敢问是哪里？"我试着问道，答曰"会津若松"[1]。让人联想到自豪与浓郁绿色的地名。

看了托切罗的拜占庭教堂，我大吃一惊。这不是先前遇见过的那个人吗？不，不是人，是建筑，没错，它和伊斯坦布尔的圣索菲亚大教堂不是一模一样吗？我感觉有点儿头晕目眩。有关联。伊斯坦布尔和威尼斯有关联。镜子的这边和那边。东罗马帝国和西罗马帝国。东方集团和西方集团。东日本和西日本。东洋和西洋。人们如此来把握世界，这样看来，大脑也许并非分为右脑和左脑，而是分为东脑和西脑呢。

晚上，我在住宿的某文化设施的房间内，一边

---

[1] 会津若松市是日本福岛县西部的城市。

从窗子远眺倒映在威尼斯运河上的嬉戏的光影,一边接着阅读《雪的练习生》的德语版。晚上工作会睡不着觉,所以我平时不这么干,但是今天不知为何,对这个文本感觉到一种类似憧憬的东西。觉得完成在即,或者说别离的时间迫近了。完成的瞬间,喜悦和悲伤都会感觉不到。情感归零。这是为什么,我还是不知道。这归零的时间近在眼前。

四月十五日

归途的飞机上,我读的一本杂志中写道,经常做同一个噩梦的人,应该将噩梦当作是一场电影,想想如果自己是编剧,会选择怎样的结尾,并写出一个剧本来。下一个步骤,不管是什么梦,只要做梦,就练习在梦中告诉自己说,"现在,我是在做梦。"然后,如果又做了那个噩梦,一边自己要认识到是在做梦,一边要回想起自己写的那一剧本的结尾。据说,假如这么做,你平时总做的噩梦就不会成为噩梦,而是按剧本写的那样结束。

虽然没到噩梦的程度,但是我时常梦到正要在广大听众面前朗读自己的作品,却理解不了那上面的语言,内心发生动摇。观众当然以为我要开始朗诵，静静地等待。可是，我完全无法理解书上的语言。是自己写的，为什么不会读呢，这么琢磨的当儿，冷汗直冒，喘不上气来。我再也不想做这个梦了。不过，即使让我自己写期望的结尾，可对于这个故事，什么样的结尾才是最理想的呢？

我发觉，实际上不是理解不了语言，而是需要老花镜，于是戴上眼镜开始朗读。这样的结尾如何？这也成不了喜剧。不是字小。也不是光线不足。文字能清楚地看见，但变成了我不懂的语言。自己写的文章擅自变身，变为某种荒谬绝伦的东西。这事并不可怕。也许是因为想自己朗读所以才不行的。"欢迎大家今日光临。那么接下来，有请各位翻译家进行朗读。"说完之后，我自己走下舞台，在观众席就座。在最前排待命的几位翻译家登上舞台，分别用我无法理解的语言开始朗诵。姑且论之，这也许是最理想的结尾。

后记

我22岁时移居德国,已度过31年的岁月。我现在仍感觉自己的身体里,日语和德语的关系每天都在变化,但我不曾试着每天有意识地记录二者间具体发生了什么。我虽然从小时候起就每天记日记,但是记录关于语言的所思所感,我还没有这样的余裕。记得小学放暑假时,我写过"牵牛花观察日记",我决定以此为参考,一边观察作为说日语和德语的哺乳动物的自己,一边记一种观察日记。

本来,日记是既没有开始也没有结束的。有生之年,在某一点开始写,又在另一点搁下笔。不过，既然这是一本观察日记，那么就以全神贯注于某项语言工作的期间为限。所谓的某项语言工作，是一种"自作翻译"。

我从25年前开始，用德语和日语两种语言创作作品并发表，但是，将日语写的作品自己弄成德语的事，此前一次都没有过。然而，将《雪的练习生》弄成德语的想法非常强烈，所以我决定挑战一下。每天涌上心头的种种疑问，与许多优秀书籍的对话，旅途中遇见的人们的话语，街角看到的景象，与语言有关的事件以及作为事件的语言，朋友，家人，作家伙伴，逝去作家们的亡灵。能装入各种各样的声音，真要感谢日记这种形式。

这本日记的开头部分写到了图画书《阿尔卑斯山兄妹》（岩波儿童丛书），所以说，我从勉强开始认字的时候起就承蒙岩波书店的恩泽。值此出版社一百周年诞辰之际，能够写成本书，作为微薄的礼物奉上，实在高兴。说实话，好几年前他们就邀请我为岩波新书丛书撰稿，但我当时忙于小说创作，一直未能如愿。但是他们一直没有将我放弃，这次的稿子终于完成后，岩波新书编辑部的古川义子女士立即领会出我嵌入文中的各种意图,制作出生动的版式,对此我由衷表示感谢。

2013 年 11 月

多和田叶子

文献

本书中出现的主要书籍

1.1《在流放地》卡夫卡

《岩波古语辞典》*

1.3《雪的练习生》多和田叶子,新潮社,2011*

《阿尔卑斯山兄妹》塞利娜·汉兹,阿洛伊斯·卡里吉埃;光吉夏弥译,岩波书店,1954

1.4《女ことばと日本語》(《女性语言和日语》)中村桃子,岩波新书,2012

《あとは野となれ》(《此后管它是原野还是什么》)室井光广,讲谈社,1997

1.8《プロメテウス解剖学アトラス第 2 版》（《普罗米修斯：解剖学图册》）坂井建雄（监译），医学书院，2011

《解体新书》杉田玄白

《枕草子》清少纳言

1.9《独立国家のつくりかた》（《独立国家的创立方法》）坂口恭平，讲谈社现代新书，2012

1.10 *Tracht:Pflicht*, Bodo Hell, Droschl, 2003〈《服饰・义务》博多・海尔〉

1.14 *Bildwörterbuch Deutsch*, Duden〈《图画辞典》杜登出版社〉

1.18《雲をつかむ話》（《云里雾里的故事》）多和田叶子，讲谈社，2012

1.19 *Psychologie Heute*, Beltzverlag, 2013.2〈《今日心理学》〉

1.20 *Die Zeit*, 2013.1

《忧郁的热带》列维－斯特劳斯，川田顺造译，中央公论新社，2001（初版 1977）

《古事记》

1.21 *Kiezdeutsch*, Heike Wiese, C. H. Beck, 2012〈《贫民窟德语》海克・维泽〉*

1.22《目星の花ちろめいて》(《小星星在我的眼里闪烁》) 多和田叶子,收录于《ヒナギクのお茶の場合》(《雏菊茶的时候》),新潮社,2000/ "Starlets Scintillating in My Eyes" in *More Stories by Japanese Women Writers*, Kyoko Selden and Noriko Mizuta eds., M. E. Sharpe, 2010

1.24《樱桃园》契诃夫

1.25《うろこもち》(《鳞鼠》) 多和田叶子,*Das Bad*, Yoko Tawada, Konkursbuchverlag, 2010(初版 1989)*

1.26《现代诗手帖》2013年1月号(冈井隆+关口凉子"注解するもの,翻訳するもの"[注解和翻译]/伊藤比吕美"むき身とヒーラー"[贝壳肉和治疗者])

《容疑者の夜行列車》(《嫌疑犯的夜行列车》) 多和田叶子,青土社,2002*

1.27 *Unterwegs zur Sprache*, Martin Heidegger, Klett-Cotta, 2007

1.28《岩波汉语辞典》

《新潮日本语汉字辞典》

1.29《广辞苑》

1.31《アレ何？大事典》(《那是什么？大百科辞典》) 佐佐木正孝著，篠崎晃一监修，小学馆，2005

2.2《群像》2012年11月号（"特辑：群像的文体练习"穗村弘 × 鸿巢友季子 × 福永信）

2.5《らん》（俳句同人杂志）

2.7《三省堂新编简明日德辞典》

《三修社现代日德辞典》

2.8 *Süddeutsche Zeitung*〈《南德日报》〉

Vita activa oder vom tätigen Leben, Hannah Arendt, Piper, 1960〈《Vita activa 或行动的人生》汉娜·阿伦特，日语版《人間の条件》志水速雄译，筑摩学艺文库，1994（初版1973）〉

2.10《柳宗悦茶道论集》岩波文库，1987*

2.13《変身のためのオピウム》(*Opium für Ovid*)（变形用的鸦片）多和田叶子，讲谈社，2001

《ボルドーの義兄》(*Schwager in Bordeaux*)（波尔多的内兄）多和田叶子，讲谈社，2009

2.22《「いい文章」ってなんだ？》(《"好的文章"是什么？》) 石川巧，筑摩新书，2010

2.23《冰壁》井上靖，新潮文库，1963（初版

1957）

2.26《英語で日本語を考える》(《用英语来思考日语》) 片冈义男,自由式出版社,2000*

3.1《不死之岛》多和田叶子,收录于《それでも三月は、また》,讲谈社,2012

3.3《朝日新闻》网站,2011.3.12 日报道(现称《朝日新闻》数字版)

3.4《それから》(后来的事)夏目漱石*

3.5 *The Awful German Language*, Mark Twain, 1880(作为《国外浪游记》[*A Tramp Abroad*] 的附录发表)《可怕的德语》马克·吐温)

3.6《犬婿入り》(《狗女婿上门》)多和田叶子,讲谈社文库,1998(初版 1993)

《カタコトのうわごと》(《只言片语的梦呓》)多和田叶子,青土社,新装版 2007(初版 1999)

3.7《長い長い殺人》(《无止境的杀人》)宫部美雪,光文社文库,2011(初版 1992)

《アメリカ 非道の大陸》(《美洲:残暴的大陆》)多和田叶子,青土社,2006

3.9《可兰经》

3.11 *Muttersprache*, Emine Sevgi Özdamar, Rotbuch

Verlag, 2010〈《母语》埃米奈·塞夫吉·埃兹达玛〉

《源氏物语》

3.13 *Kanak Sprak*, Feridun Zaimoglu, Rotbuch Verlag,

1995〈《卡纳克语》费里顿·蔡莫葛鲁〉*

3.14 *Deutsches Universalwörterbuch*, 3.Aufl., Duden, 1996〈《德德辞典》杜登出版社〉

3.17《日本語に主語はいらない》(《日语不需要主语》)金谷武洋,讲谈社,2002

《英語にも主語はなかった》(《英语里也没有主语》)金谷武洋,讲谈社,2004

3.19《日本语的历史》山口仲美,岩波新书,2006

《现代诗手帖》2013年2月号(金子铁夫"ナオコ"/吉原幸子"六月""无题")

3.20《七将攻忒拜》埃斯库罗斯,收录于《希腊悲剧1》,筑摩文库,1985

Männlichkeiten: Eine andere Geschichte des 20. Jahrhunderts, Ernst Hanisch, Böhlau,〈《男性气质——二十世纪的又一历史》恩斯特·哈尼施〉

3.23《日本人の脳に主語はいらない》(《日本

人的大脑不需要主语》）月本洋，讲谈社，2008*

3.25《百年前的日本语》今野真二，岩波新书，2012

3.27《魔山》托马斯·曼

3.29《安娜·卡列尼娜》托尔斯泰

4.1《唐·吉诃德》塞万提斯

4.4《私家版日本语语法》井上厦，新潮文库，1984（初版1981）

4.5 *Abenteuer der deutschen Grammatik*, Yoko Tawada,

Konkursbuchverlag, 2010〈《德语语法的冒险》多和田叶子〉

Der Spiegel, Spiegel-Verlag〈《明镜》周刊〉

4.10《死于威尼斯》托马斯·曼

《意大利游记》歌德

行尾的 * 号，表示在其他地方也有出现。对于有多个版本的古典作品，译者及书目信息省略。尚未有人翻译的西文文献，在〈〉内给出本书中所取的标题等内容。